Gislene de Laparte Neves
Victor de Almeida Conselvan

DIREITO À SAÚDE E JURISDIÇÃO CONSTITUCIONAL NO BRASIL

PARADIGMAS PROCEDIMENTAIS E SUBSTANCIAIS DO ESTADO DEMOCRÁTICO DE DIREITO

Gislene de Laparte Neves
Victor de Almeida Conselvan

DIREITO À SAÚDE E JURISDIÇÃO CONSTITUCIONAL NO BRASIL:
paradigmas procedimentais e substanciais do estado democrático de direito

Editora CRV
Curitiba – Brasil
2020

Copyright © da Editora CRV Ltda.
Editor-chefe: Railson Moura
Diagramação e Capa: Diagramadores e Designers CRV
Arte da Capa: Freepik.com
Revisão: Analista de Línguas CRV

DADOS INTERNACIONAIS DE CATALOGAÇÃO NA PUBLICAÇÃO (CIP)
CATALOGAÇÃO NA FONTE
Bibliotecária responsável: Luzenira Alves dos Santos CRB9/1506

C743

Conselvan, Victor de Almeida.
  Direito à saúde e jurisdição constitucional no Brasil: paradigmas procedimentais e substanciais do estado democrático de direito / Gislene de Laparte Neves, Victor de Almeida Conselvan – Curitiba : CRV, 2020.
98 p.

  Bibliografia
  ISBN Digital 978-65-5578-534-0
  ISBN Físico 978-65-5578-509-8
  DOI 10.24824/978655578509.8

  1. Direito 2. Direito constitucional 3. Saúde 4. Jurisdição I. Neves, Gislene de Laparte II. Título II. Série

CDU 34   CDDdir 341.2

Índice para catálogo sistemático
1. Direito constitucional 341.2

ESTA OBRA TAMBÉM ENCONTRA-SE DISPONÍVEL
EM FORMATO DIGITAL.
CONHEÇA E BAIXE NOSSO APLICATIVO!

2020
Foi feito o depósito legal conf. Lei 10.994 de 14/12/2004
Proibida a reprodução parcial ou total desta obra sem autorização da Editora CRV
Todos os direitos desta edição reservados pela: Editora CRV
Tel.: (41) 3039-6418 - E-mail: sac@editoracrv.com.br
Conheça os nossos lançamentos: www.editoracrv.com.br

Conselho Editorial:

Aldira Guimarães Duarte Domínguez (UNB)
Andréia da Silva Quintanilha Sousa (UNIR/UFRN)
Anselmo Alencar Colares (UFOPA)
Antônio Pereira Gaio Júnior (UFRRJ)
Carlos Alberto Vilar Estêvão (UMINHO – PT)
Carlos Federico Dominguez Avila (Unieuro)
Carmen Tereza Velanga (UNIR)
Celso Conti (UFSCar)
Cesar Gerónimo Tello (Univer .Nacional Três de Febrero – Argentina)
Eduardo Fernandes Barbosa (UFMG)
Elione Maria Nogueira Diogenes (UFAL)
Elizeu Clementino de Souza (UNEB)
Élsio José Corá (UFFS)
Fernando Antônio Gonçalves Alcoforado (IPB)
Francisco Carlos Duarte (PUC-PR)
Gloria Fariñas León (Universidade de La Havana – Cuba)
Guillermo Arias Beatón (Universidade de La Havana – Cuba)
Helmuth Krüger (UCP)
Jailson Alves dos Santos (UFRJ)
João Adalberto Campato Junior (UNESP)
Josania Portela (UFPI)
Leonel Severo Rocha (UNISINOS)
Lídia de Oliveira Xavier (UNIEURO)
Lourdes Helena da Silva (UFV)
Marcelo Paixão (UFRJ e UTexas – US)
Maria Cristina dos Santos Bezerra (UFSCar)
Maria de Lourdes Pinto de Almeida (UNOESC)
Maria Lília Imbiriba Sousa Colares (UFOPA)
Paulo Romualdo Hernandes (UNIFAL-MG)
Renato Francisco dos Santos Paula (UFG)
Rodrigo Pratte-Santos (UFES)
Sérgio Nunes de Jesus (IFRO)
Simone Rodrigues Pinto (UNB)
Solange Helena Ximenes-Rocha (UFOPA)
Sydione Santos (UEPG)
Tadeu Oliver Gonçalves (UFPA)
Tania Suely Azevedo Brasileiro (UFOPA)

Comitê Científico:

Alexandre Sanson (Justiça Federal – São Paulo/SP)
Aloisio Krohling (FDV)
André Pires Gontijo (UniCEUB)
Antônio Pereira Gaio Júnior (UFRRJ)
Celso Ferreira da Cruz Victoriano (TJ-MT)
César Augusto de Castro Fiuza (Ferreira, Kumaira e Fiuza Advogados Associados/UFMG)
Christine Oliveira Peter da Silva (STF)
Claudine Rodembusch Rocha (FEEVALE)
Cristiane Miziara Mussi (UFRRJ)
Daniel Amin Ferraz (Amin, Ferraz, Coelho Advogados/ Universidad de Valencia, UV, Espanha)
Daury Cesar Fabriz (UFES)
Edson Vieira da Silva Filho (FDSM)
Evandro Marcelo dos Santos (Faculdade Três Pontas/MG)
Gláucia Aparecida da Silva Faria Lamblém (UEMS)
Janaína Machado Sturza (UNIJUÍ)
João Bosco Coelho Pasin (UPM)
Joséli Fiorin Gomes (UFSM)
Manoel Valente Figueiredo Neto (Registro Imobiliário de Caxias do Sul, RS/UNIFOR)
Marcio Renan Hamel (UPF)
Rafael Lamera Giesta Cabral (UFERSA)
Renato Zerbini Ribeiro Leão (UNICEUB)
Ricarlos Almagro Vitoriano Cunha (UFRJ)
Thiago Allisson Cardoso de Jesus (CEUMA)
Valéria Furlan (FDSBC)
Vallisney de Souza Oliveira (Justiça Federal – Brasília/DF)
Vinicius Klein (UFPR)

Este livro passou por avaliação e aprovação às cegas de dois ou mais pareceristas *ad hoc*.

SUMÁRIO

APRESENTAÇÃO 9
Gislene de Laparte Neves

1 INTRODUÇÃO 11

2 CONSTITUIÇÃO, JURISDIÇÃO CONSTITUCIONAL E
ESTADO DEMOCRÁTICO DE DIREITO 13

3 DIREITO À SAÚDE NO BRASIL 33

4 O SUPREMO TRIBUNAL FEDERAL E A TUTELA DA
SAÚDE NO BRASIL 49

5 A SAÚDE ENTRE O PROCEDIMENTALISMO E O
SUBSTANCIALISMO – EM BUSCA DE UMA SÍNTESE NECESSÁRIA ... 63

6 CONSIDERAÇÕES FINAIS 77

REFERÊNCIAS 83

ÍNDICE REMISSIVO 91

SOBRE OS AUTORES 97

APRESENTAÇÃO

A pesquisa se direciona a uma análise do direito à saúde na jurisdição constitucional brasileira, utilizando para tanto a filosofia hermenêutica e o método dialético. Trata-se, essencialmente, de demonstrar qual paradigma de jurisdição constitucional é o mais adequado a concretização do direito à saúde no Brasil. Parte-se, para esse *mister*, de uma análise histórica do constitucionalismo e da jurisdição constitucional, buscando, nesse sentido, aclarar os principais paradigmas que se põem a esta jurisdição – de um lado o procedimentalista (sob a perspectiva de Jürgen Habermas) e, de outro lado, o substancialista (com enfoque em Ronald Dworkin e Robert Alexy). Cuida-se, ainda, de desmistificar as bases sobre as quais foi construído o direito à saúde no Brasil, correlacionando sua estruturação junto ao ordenamento jurídico pátrio e, através da jurisprudência dominante, demonstrar sobre que bases vêm sendo conduzidas as concessões de tutelas judiciais de saúde em *terrae brasilis* – debate que impende, necessariamente, adentrar nas teorias relativas aos custos dos direitos, do mínimo existencial, da reserva do possível e da judicialização da política e o ativismo judiciário – tudo com vistas ao estabelecimento de um paradigma que corresponda ao anseio de concretização fática, portanto, constitucionalmente adequado da saúde sem representar fragilidade ao modelo do Estado Democrático de Direito acolhido pela constituinte de 1988.

Gislene de Laparte Neves

6

1 INTRODUÇÃO

O advento do Estado Democrático de Direito engendrou profundas transformações na forma de se conceber o direito no Brasil. Atrelado a uma ruptura entre a ditadura que se estendia desde 1964, a Constituição da República Federativa do Brasil de 1988 trouxe em seu bojo um texto carregado em promessas e dando especial importância ao compromisso da constituinte em assegurar aos cidadãos direitos e garantias.

Outrossim, ao estabelecer a Constituição como *topos* do ordenamento jurídico nacional, e ao assegurar-lhe caráter normativo, colocou o judiciário frente a missão de lidar não apenas com regras, mas também com princípios, que uma vez dotados de imperatividade – como quaisquer normas jurídicas – não se mostravam amoldáveis às técnicas hermenêuticas tradicionais da dogmática clássica, tais como o método gramatical, o teleológico, o sistemático e outros.

Essa preocupação com o teor e a aplicação dos princípios gerou no Brasil o que Lênio Luiz Streck chamou de *mixagens epistemológicas*. Isso porque ao se defrontar com a falta de recursos para conceber essa nova realidade, o judiciário pátrio trouxe do direito comparado – sobretudo o alemão – novas formas de hermenêutica constitucional, que, na *práxis* brasileira, foram sendo, aos poucos, modificadas para se adaptar ao cenário nacional e se misturando a outras teorias, muitas vezes desconexas entre si.

Tais teorias cuidaram de criar um cenário bipartido da atuação da jurisdição constitucional: de um lado, advogam a necessidade de um judiciário atuante e comprometido com a concretização de direitos e garantias fundamentais (substancialistas), e de outro, procuram reduzir o amplo poder que foi dado à magistratura ao colocar a Constituição como documento que assegura os procedimentos necessários a formação do discurso popular, limitando o papel da jurisdição a correção de possíveis desvios da formação da vontade dos indivíduos (procedimentalismo).

Na seara do direito à saúde, várias dessas teorias podem ser reconhecidas, mormente a Jurisprudência dos Valores de Robert Alexy, o ativismo judicial norte-americano e a tentativa, ainda tímida, de expansão de uma teoria procedimental da jurisdição, balizada, sobretudo, nos estudos de Jürgen Habermas sobre o discurso e a democracia.

É, ainda, no campo desse princípio fundamental que o aumento de demandas frente ao judiciário é mais latente. Por se atrelar diretamente ao direito à vida e a vida humana com dignidade, o número de processos pedindo tratamentos, procedimentos e medicações cresce exponencialmente, seguido de uma pletora de argumentos que visam justificar a concessão desses direitos pelo judiciário.

Tais argumentos, muitas vezes desvinculados de qualquer caráter jurídico levaram a doutrina a conceituar como efeito *fuzzy* ou *camaleões normativos*, o discurso raso, e pouco técnico que vem sendo administrado pelo judiciário na justificação da concessão de tutelas vinculadas a direitos sociais.

É nesse cenário que se busca debater que paradigma se amolda a concretização fática do direito à saúde no Brasil: o procedimentalista – visando evitar ao máximo a ingerência do judiciário nas políticas públicas – ou o substancialista, creditando a esse Poder o dever de realizar a interpretação que busque a máxima concretização desse princípio fundamental, ainda que isso signifique inferir diretamente nos orçamentos públicos do Executivo e nas deliberações alocativas do Legislativo.

Para esse *mister* cuida-se, num primeiro momento, de reconstruir os caminhos que levaram a formação de uma Constituição normativa e de uma jurisdição constitucional, buscando demonstrar as bases dos paradigmas procedimentais e substanciais da jurisdição. Trata-se ainda de delimitar o presente estudo ao procedimentalismo de matriz habermasiana e as teorias "substancialistas" de Robert Alexy e Ronald Dworkin.

Em sequência, sob a perspectiva de traçar um panorama da saúde brasileira, parte-se de uma construção histórica da saúde junto às constituições anteriores, buscando junto a CRFB/88, as bases sobre as quais se assentam o direito à saúde no Brasil, abrindo margem para a discussão quanto à legitimidade do judiciário para se imiscuir em matéria de política pública através de uma judicialização da política ou de um ativismo judicial.

O capítulo que se segue procura demonstrar como esse direito vem sendo tutelado pelo judiciário brasileiro e as principais críticas que se subjazem ao paradigma dominante da *hermenêutica da saúde*: o substancialismo de origem alexyana. Em síntese, buscou-se uma analítica das principais teses sustentadas pela jurisprudência pátria – mormente o mínimo existencial e a reserva do possível – buscando apontar as fragilidades a que se expõem esses discursos.

Por fim, pontuando a saúde sob o enfoque de cada um desses paradigmas, busca-se demonstrar qual deles – o procedimentalismo habermasiano ou o substancialismo (em Alexy ou em Dworkin) – corresponde ao mais adequado a concretização do direito à saúde no Brasil, considerando para tanto o frágil equilíbrio entre a separação dos poderes e a expansão da jurisdição constitucional no Estado Democrático de Direito brasileiro.

Em tempo, adverte-se que esta pesquisa versa sobre o que povoa o imaginário e a prática jurídica do direito à saúde no Brasil. Portanto, trabalha-se com uma espécie de cartografia jurídica do tema tal como se apresenta. Consequentemente, ao final, traça-se uma conclusão propositiva que melhor contempla a jurisdição constitucional e o direito à saúde em um Estado Democrático de Direito.

2 CONSTITUIÇÃO, JURISDIÇÃO CONSTITUCIONAL E ESTADO DEMOCRÁTICO DE DIREITO

Como lembra Siqueira Jr. (2006, p. 10), Constituição "[...] vem do latim *constitutione*, que significa firmar, formar". Constituição em sentido jurídico, nesses termos, trata necessariamente daquilo que constitui o Estado (STRECK, 2014), delimitando sua organização e seus ideais.

Noutra acepção, o termo jurisdição designa o poder estatal de aplicar o direito ao caso concreto (MARINONI, 2013). Nesse sentido, Siqueira Jr. (2006, p. 31) vai dizer que "Se o objeto é constitucional, podemos falar em uma jurisdição constitucional". Ou seja, é o direito tutelado que designará a jurisdição.

Nota clara, portanto, impende afirmar que para se falar em uma jurisdição constitucional, há que existir um direito constitucional dotado de caráter normativo, e que essa jurisdição não se realizará apenas nos limites de uma corte responsável por "guardar" a Constituição, mas por qualquer juiz ou tribunal que detenha competência de aplicá-la.

Há que se destacar, contudo, que é inegável nessa quadra da história que a Constituição se estabelece como elemento fundamental para os Estados. Como bem afirma Barcellos (2008, p. 15): "Mesmo as ditaduras vestem-se de Constituições, negam veementemente que as estejam violando ou, em inegável deferência, as modificam para prosseguir seu caminho". São, pois, essenciais à legitimação do poder estatal.

Todavia, a *contrario sensu*, "a existência de tribunais constitucionais não é autoevidente" (HABERMAS, 2012, p. 298). Eis que falar de uma jurisdição sobre a Constituição, é, inicialmente, militar ao texto constitucional uma normatividade, que o estabelece como norma jurídica.

Bonavides (2005, p. 225) aduz, a questão da normatividade da Constituição e, consequentemente, sua eficácia, "se prende intimamente à determinação do teor doutrinário das Constituições". Outrossim, possui característica histórica, se vinculando diretamente a teoria do Estado e a sua evolução.

Nesse norte, Texeira (2016), partindo de uma análise acerca do Estado e sua evolução, conclui que a Constituição de um Estado de Direito transcende o aspecto originalmente político passando, portanto, a ser um documento jurídico dotado de normatividade com a prerrogativa de ocupar o espaço da lei maior de um sistema jurídico. Supera-se, dessa forma, a supremacia da lei e alcança a soberania constitucional[1].

Cabe, portanto, rápida digressão às raízes do próprio constitucionalismo, *lócus* primordial para a compreensão do papel da Constituição e da jurisdição constitucional no Estado Democrático de Direito.

2.1 Da constituição política à constituição jurídica

O conceito que hoje se devota a Constituição como documento que funda uma determinada ordem política (DINIZ, 1998) é fruto, em grande parte, da Revolução Americana e da Revolução Francesa, no século XVIII.

Em comum, tais revoluções buscavam limitar o poder soberano – valendo-se para tanto da separação dos poderes proposta por Montesquieu – e, também, assegurar direitos individuais quanto à possível ingerência do Estado – os famosos direitos de liberdade, referidos como de primeira dimensão (SARLET, 2007). Não por acaso, o art. 16 da Declaração dos Direitos do Homem e do Cidadão (1789), fruto do movimento francês, declarava: "toda sociedade em que a garantia dos direitos não está assegurada, nem a separação de poderes está determinada, não tem Constituição".

As semelhanças, contudo, findam aí. Assim, enquanto os Estados Unidos se autodeclaravam independentes, e criando um texto constitucional com alto teor normativo que dava especial poder ao judiciário, abrindo as bases de um sistema democrático, a maior parte da Europa, ainda presa à monarquia, devotava todo poder ao Parlamento, que por ser representante máximo do povo, não poderia sofrer nenhum tipo de retaliação[2].

---

1 Sore isso adverte Hesse (1991, p. 15/18): "A constituição não configura, portanto, apenas expressão de um ser, mas também de um dever ser; ela significa mais do que o simples reflexo das condições fáticas de sua vigência, particularmente as forças sociais e políticas. Graças a pretensão de eficácia, a Constituição procura imprimir ordem e conformação à realidade política e social. Determinada pela realidade social e, ao mesmo tempo, determinante em relação a ela, não se pode definir como fundamental nem a pura normatividade, nem a simples eficácia das condições sócio-políticas econômicas. A força condicionante da realidade e a normatividade da Constituição podem ser diferençadas; elas não podem, todavia, ser definitivamente separadas ou confundidas [...] A norma constitucional somente logra atuar se procura construir o futuro com base na natureza singular do presente [...] a constituição converte-se, assim, na ordem geral objetiva do complexo de relações de vida".

2 Nesse sentido, cabe destacar a já concebida visão de Tocqueville, pois, ao tratar do poder judiciário norte americano expõe que "os anglo-americanos conservam no poder judiciário todas as características que o distinguem nos outros povos. – No entanto dele fizerem um grande poder político [...] (2005, p. 111)". Acrescenta, ainda, que "a causa está neste simples fato: os americanos reconheceram aos juízes o direito de fundar suas decisões na *constituição*, em vez de nas *leis*. Em outras palavras permitiram-lhe não aplicar as leis que lhes parecerem inconstitucionais. Sei que semelhante direito foi reclamado algumas vezes pelos tribunais de outros países, mas nunca lhes foi concedido. Na América, é reconhecido por todos os poderes; não encontramos um partido nem mesmo um homem que o conteste. A explicação disso deve se encontrar no princípio mesmo das constituições americanas" (TOQUECVILLE, 2005, p. 113).

Como bem afirma Streck (2014, p. 402): "Para os revolucionários, somente duas funções do Estado eram importantes: fazer leis e executá-las". O Judiciário, advindo da antiga aristocracia, era visto com desconfiança. Seu papel deveria ser, unicamente, subsumir os textos jurídicos aos casos que chegassem à apreciação. O juiz era, assim, a *bouche de la loi*[3].

Consequência de tamanha desconfiança, na França, em 1790, estatuiu-se o *réferé législatif*, mediante o qual "se uma interpretação da lei fosse atacada três vezes num tribunal de cassação, este deveria submetê-la ao corpo legislativo, que emitiria um decreto declaratório da lei, vinculante para o tribunal de cassação" (MENDES; BRANCO, 2014, p. 47). Desse modo, a interpretação dos textos jurídicos, frutos da expressão popular que eram, cabia unicamente ao Parlamento, que detinha a última palavra sobre a lei.

Nesse cenário, a Constituição, longe de possuir qualquer normatividade, era uma carta política que orientava o Legislativo e impunha deveres ao Executivo (MACIEL, 2012). Qualquer ato de controle do Parlamento era um ato atentatório da própria democracia, e ao princípio majoritário que a compunha. Não havia, assim, espaço para o florescimento de uma jurisdição constitucional.

As crises geradas pela imensa desigualdade social advindas da igualdade perante a lei, ou formal, é que modificaram esse quadro. A Constituição de Weimar, de 1919, na Alemanha, vai deslocar, lentamente, a atenção do legislativo para o Executivo (STRECK, 2014), na busca da satisfação de uma possível igualdade material, com a prestação de diversos serviços pelo Estado. O *Welfare State*, enquanto Estado concretizador de direitos, exigiu o aumento da máquina administrativa e causou o agigantamento do Executivo.

É depois da Segunda Guerra Mundial, contudo, que ocorreram as mudanças mais significativas. Mendes e Branco (2014, p. 47):

> Os países que saíam do trauma dos regimes ditatoriais buscaram proteger as declarações liberais das suas constituições de modo eficaz. O parlamento, que se revelara débil diante da escalada de abuso contra os direitos humanos, perdeu a primazia que o marcou até então.

Essa nova etapa do constitucionalismo, amplamente conhecida como neoconstitucionalismo[4], trouxe importantes mudanças no papel da Constituição

---

3 A esse respeito é necessário, para melhor compreender, ao menos historiograficamente, o que se compreende como juspositivismo clássico. "Trata-se de movimento em que o material jurídico é estabelecido por alguma autoridade humana legitimada: na França, a lei produzida pelo legislador racional, de inspiração iluminista (positivismo exegético); na Alemanha, os conceitos gerais e abstratos deduzidos pelos juristas-professores (jurisprudência dos conceitos); na Inglaterra, os precedentes proferidos pela autoridade política competente (jurisprudência analítica)" (STRECK, 2017a, p. 160).

4 Tovar e Moreira (2018, p. 45) advertem para os perigos e danos que o termo neoconstitucionalismo hoje representa. "Acresça-se a isso o fato de que a já propalada discricionariedade judicial, que mantém bases nos positivismos, foi trocada por uma nova. E uma pior! Pois agora a postura discricionária aparece completamente

no Estado. As constituições que daí surgiram, agora alçadas ao título de norma fundamental (DINIZ, 1998), estabeleceram-se no topo do ordenamento jurídico estatal, e ganharam eficácia irradiante sobre as demais normas do sistema, podendo se falar na possibilidade de declaração de invalidade de uma norma por estar em desacordo com a Constituição (controle de constitucionalidade).

Insta salientar, que de modo diverso, e devido ao próprio modelo histórico, que partiu, desde o princípio, de bases democráticas, os Estados Unidos evoluíram quase um século antes nessa direção, estabelecendo um modelo de controle difuso de constitucionalidade – o *judicial review* – que remonta a 1803, no caso Marbury x Madison (MENDES; BRANCO, 2014).

Todavia, é no berço europeu que deita raízes o modelo constitucional que chega ao Brasil em 1988 quando da promulgação da Constituição da República Federativa do Brasil. Tentando romper com o longo período ditatorial que cerceou fortemente as liberdades públicas, a constituinte se aproximou dos desencantos do antigo continente. Na lição de Streck (2014, p. 276):

> Esse olhar em direção as Constituições europeias foi efetuado porque essas traziam consigo a similitude histórica de terem sido igualmente cunhadas para reverter os funestos efeitos advindos de regimes totalitários, como o nazismo na Alemanha e o fascismo na Itália, além de oferecer resposta para outras ditaduras, como é o caso do salazarismo em Portugal e o franquismo na Espanha.

O novo modelo, contudo, seja no Brasil ou na Europa, convive com seus "próprios fantasmas", centralizados na perda do princípio majoritário, na distorção da clássica Separação dos Poderes e na dificuldade de legitimidade das decisões judiciais, já que, conforme será melhor demonstrado adiante, centraliza no poder judiciário o papel de efetivação dos direitos – poder esse que não é escolhido pelo voto popular[5].

---

carente de limites. É o que se chama de "pós-positivismo à brasileira": um positivismo agravado. Em complemento: a má-compreensão do positivismo leva, via de consequência, também a incompreensão dos princípios que, em tese, deveriam respaldar um viés "pós-positivista". O que observa é que o positivismo jurídico foi "rechaçado" não por uma nova intelecção do Direito, mas sim com algo que não se mostra condizente com o Constitucionalismo Contemporâneo, no caso um discurso valorativo meramente pragmático".

5 À luz do referido, destaca-se a leitura que Tassinari (2013, p. 26), primeiramente, a respeito do ativismo judicial (muito ligado ao neoconstitucionalismo) constrói: "[...] sob a influência da doutrina estadunidense, a questão envolvendo o ativismo da magistratura ganhou papel de destaque no cenário jurídico brasileiro. O problema é que, diferente do que aconteceu nos Estados Unidos, aqui, a atuação do Judiciário mediante uma postura ativista não passou por uma (indispensável) problematização (isto é, por um rigoroso debate acadêmico), no sentido de que, dos contributos trazidos pelos juristas norte-americanos, apenas se aproveitou a intensificação da atividade jurisdicional, potencializada a ponto de ser defendido um necessário ativismo judicial para concretizar direitos. Em síntese, acabou se criando um imaginário jurídico no qual o direito brasileiro fez-se dependente das decisões judiciais, ou melhor, das definições judiciais acerca das questões mais relevantes da sociedade". Secundariamente a respeito da judicialização: "[...] pode-se dizer que a judicialização apresenta-se como uma questão social. A dimensão desse fenômeno, portanto, não depende do desejo ou

Verifica-se, assim, que as constituições clássicas possuíam viés político, sendo mera carta de intenções destinadas a limitação dos poderes do monarca, separação dos poderes e consagração de garantias dos súditos – ou, modernamente, como limitações ao poder do Estado. Não eram, desse modo, consideradas normas jurídicas – já que ausente qualquer instrumento que viabilizasse seu cumprimento forçado pelo Estado. Tratavam-se, assim, de meras promessas que deveriam inspirar o poder de governar.

A constituição jurídica que exsurge com o neoconstitucionalismo é, inicialmente, um texto normativo, que se coloca no topo do ordenamento jurídico, exigindo de qualquer norma seu respeito e obediência. Trata-se de verdadeira norma jurídica, devendo ser analisada pela Teoria do Direito, interpretada pela Hermenêutica Jurídica e aplicada em discurso judicial fundamentado, cuja observância é obrigatória sob pena de sanção. Cumpre, assim, analisar mais detidamente o neoconstitucionalismo. E as suas crises.

2.2 Neoconstitucionalismo e(m) crise

O neoconstitucionalismo, como frisado alhures, é fruto pós-segunda guerra. Imanente aos seus principais objetivos encontra-se, não apenas o desejo de blindar os direitos fundamentais, mas também, de torná-los efetivos, dotando-os de sindicabilidade. Tal sindicabilidade na escorreita definição de Barcellos (2008, p. 40), trata-se da: "[...] possibilidade de exigir, por meios violentos, se necessário, o cumprimento das normas". Tal movimento, como frisado, não se encontra imune às críticas doutrinárias.

Tratando em primazia do neoconstitucionalismo brasileiro, Barroso (2011) vai afirmar que as principais consequências da adoção desse modelo são o reconhecimento de uma força normativa da Constituição, uma supremacia do Diploma Constitucional frente à legislação infraconstitucional e a constitucionalização dos direitos, sendo essa última premissa considerada em seu duplo aspecto, qual seja, o da positivação de diversos direitos diretamente no texto da Constituição e, também, o de sua eficácia irradiante, exigindo que toda norma infraconstitucional seja aplicada em conformidade com os dispositivos constitucionais, sob pena de declaração de invalidade (controle de constitucionalidade).

A supremacia do texto constitucional, nesse ínterim, passa a ser identificada pelo seu caráter rígido de alteração frente às normas infraconstitucionais

---

da vontade do órgão judicante. Ao contrário, ele é derivado de uma série de fatores originalmente alheios à jurisdição, que possuem seu ponto inicial em um maior e mais amplo reconhecimento de direitos, passam pela ineficiência do Estado em implementá-los e desaguam no aumento da litigiosidade – característica da sociedade de massas. A diminuição da judicialização não depende, portanto, apenas de medidas realizadas pelo Poder Judiciário, mas, sim, de uma plêiade de medidas que envolvem um comprometimento de todos os poderes constituídos" (TASSINARI, 2013, p. 32).

– que passam a exigir processo mais dificultoso para alteração (MENDES; BRANCO, 2014) – e pelos núcleos intangíveis à modificação. Tais núcleos passam a fazer parte das Constituições neoconstitucionalistas sob diferentes rubricas, como as "cláusulas pétreas" no Brasil (art. 60, §4º CRFB/88) e os "limites materiais de revisão" (art. 288 da Constituição Portuguesa), se alastrando por diversas Cartas, como a Lei Fundamental de Bonn de 1949, a Constituição da Namíbia, em 1990, e a Constituição da República Checa de 1992.

Na concepção de Streck (2011), a adoção de tais núcleos intangíveis, demonstra o caráter contramajoritário do texto constitucional, que passa, doravante, a assegurar um conjunto mínimo de direitos e garantias fundamentais à revelia do desejo do constituinte derivado, ou seja, do poder popular democrático de alterar a Carta Maior (Parlamento). Cambi (2009, p. 22, grifos do autor) para quem: "As Constituições modernas preveem valores[6] e opções políticas fundamentais com escopo de se formar um *consenso mínimo* a ser observado pelas maiorias, pois a *democracia exige mais do que apenas a observância da regra majoritária*". O autor, ainda complementa: "Isso retira a *discricionariedade da política*[7] *ordinária*, vinculando o grupo político que detém o poder, a fim de garantir a realização dos direitos de todos".

Nota-se, assim, que uma das marcas distintivas do neoconstitucionalismo se funda no abandono à concepção clássica de democracia[8] como governo "majoritário", sob o qual a adoção de instrumentos limitadores da atividade parlamentar se subscreve como uma verdadeira proteção contra as maiorias eventuais. Chocam-se assim, concepções modernas e contemporâneas sobre o próprio papel da democracia e de sua legitimidade. Afinal: podem as gerações passadas obrigar as gerações futuras?

A Constituição passa, ainda, a ser dotada de força normativa, o que significa que suas pretensões vinculam os três poderes à sua realização e obediência, cuja inobservância "pode deflagrar os mecanismos próprios de

---

6   Há de se dizer que, conforme Streck (2017c), valores não são normas, mas sim produto de um voluntarismo-subjetivismo que implica no exercício da razão prática de cada, logo, valores possibilitam o ingresso pernicioso da moral privada (solipsismo) daqueles que tem competência para julgar, por exemplo. Por essa razão, filia-se à ideia de princípio de Dworkin para promover o fechamento dos fundamentos da decisão e não a abertura.
7   A retirada da discricionariedade da política deve ser vista com cautela. Pois, solapar a liberdade política pode incorrer na supressão de espaços que a sociedade poderia/deveria ocupar. O que se propõe não é a extração da discricionariedade, mas sim submeter essa discricionariedade a uma sabatina parametrizada democraticamente.
8   Acrescenta-se, também, a natureza contramajoritária da democracia. Hoje, positivados direitos individuais e fundamentais, típicos do projeto do liberalismo político filosófico, a democracia não se pode resumir a um instrumental episódico de maiorais. De outra forma de análise, sob a perspectiva do Princípio de Tolerância, Kelsen (2000, p. 182) aduz que "uma vez que o princípio de liberdade e igualdade tende a minimizar a dominação, a democracia não pode ser uma dominação absoluta, nem mesmo uma dominação absoluta da maioria. Pois, a dominação pela maioria do povo distingue-se de qualquer outra dominação pelo fato de que ela não apenas pressupõe, por definição, uma oposição (isto é, a minoria), mas também porque, politicamente, reconhece sua existência e protege seus direitos".

coerção, de cumprimento forçado" (BARROSO, 2011, p. 3), tais como o próprio controle da constitucionalidade das leis e de políticas públicas.

Tal concepção de que as normas constitucionais contêm força, reforça a necessidade de um órgão que vele pelo seu controle e cumprimento, gerando um aumento significativo de importância do Poder Judiciário[9]. Ocorre, assim, uma expansão da jurisdição constitucional (CAMBI, 2009), deslocando a tônica da separação dos poderes do Legislativo[10] em direção a este, exigindo-o a tarefa direta de evitar a perda da normatividade da Constituição.

Nessa toada, diversos países – como a Itália, Alemanha, Áustria e Espanha – estabeleceram tribunais superiores *ad hoc*, que, desligados da hierarquia atinente à clássica separação dos poderes, não se encontram imediatamente subsumidos ao Poder Judiciário ordinário, mas sim, em estrutura autônoma, gerando a "construção de mecanismos que, ao mesmo tempo que preservariam a vontade geral proveniente da lei, poderiam pôr freio aos demais Poderes" (STRECK, 2014, p. 414).

No Brasil, em linha diferente, durante a constituinte que deu origem a Carta de 1988, rechaçou-se a criação de um Tribunal *ad hoc*, gestando, ainda dentro do Poder Judiciário, um Tribunal Constitucional, ao qual compete "precipuamente, a guarda da Constituição" (art. 102, *caput*, CRFB/88), dando a este órgão o dever de assegurar que "nenhuma lei ou ato normativo pode ser considerado válido se for incompatível com a Constituição" (CAMBI, 2009, p. 204).

Ocorre, contudo, que em posição diferente aos demais países europeus, o Brasil não passou pela necessária etapa do *Welfare State*, possuindo grande núcleo populacional que depende essencialmente de políticas estatais, situação que diverge, em muito, do velho continente. Afirma Streck (2014, p. 81):

> No caso do Brasil, ao final do século XX, o Estado chegou grande, ineficiente, com uma corrupção endêmica e perdendo a luta contra a miséria. O intervencionismo do Estado, segundo Barroso – aqui desvirtuado pelo estamento -, não resistiu a onda neoliberal. O Estado Social para as elites e o Estado Polícia para as massas; o Estado da desigualdade social e da concentração de renda. O Estado aparelhado que a elite quis se livrar ao comprar o receituário neoliberal foi aquele que serviu desde o Brasil Colônia.

---

9   Outro ponto digno de atenção refere-se à "importância" do Poder Judiciário. Fundamentalmente é o poder de Estado, entretanto, não pode ser ele protagonista em termos de ativismo, quando muito, poderá o ser quando da judicialização da política. Trata-se, portanto, de um estrito funcionamento democrático. Isto é, o poder judiciário é um poder político indubitavelmente, porém, a sua atuação não pode ser politizada sob pena de romper com os próprios preceitos constitucionais democraticamente definidos.

10 Em sentido oposto, Waldron (2003), ao tratar da dignidade da legislação, explicita a necessidade de se fazer a busca do juiz "Hércules" (de Dworkin) pela legislação. É, pois, indispensável a compreensão da filosofia política e jurídica regaste a legislação como um modo de governança e digno. Ou seja, a legislação deve ser desafiada sempre no sentido de se obter melhoramentos e não relegar questões de políticas públicas à guisa do alvitre judicial.

Tal quadro amplia a margem de atuação da jurisdição constitucional em vista de um debate para além do controle de constitucionalidade (atuação negativa do Judiciário), exigindo uma posição jurisdicional sobre a possibilidade de concretização, por via direta, de uma norma constitucional (atuação positiva do Judiciário).

Insta observar que o problema não é uma exclusividade da Carta brasileira, mas que, em vista do *déficit* social[11], é situação que se agrava em *terrae brasilis*, cuja carta possui extenso rol de direitos e garantias. Nas palavras de Cambi (2009, p. 215, grifos do autor) O "Brasil chega a pós modernidade sem ter conseguido ser *liberal* nem *moderno*", o que demonstra, antes de tudo, grande defasagem em assegurar um mínimo de direitos de liberdade e igualdade[12].

Para Coura (2009), é nesta seara que confluem as maiores discussões, pois, uma vez responsável pela guarda do texto constitucional, o Judiciário passou a enfrentar o dilema de concretização das normas da Carta Maior. Nessa esteira, ele deixa de ter o papel técnico de aplicador das normas constitucionais para, também, assumir a missão de concretizar o texto fundamental, acentuando um caráter de corte jurídico-política – que é agravado pelo art. 5º, §1º da CRFB/88 que considera como imediatamente aplicáveis todos os direitos fundamentais (SARLET, 2007). Assim:

> Se no Estado Liberal o Judiciário era caracterizado pela sua *neutralização política*, no Estado do Bem Estar Social a explosão da litigiosidade, marcada pela busca da efetivação dos direitos fundamentais sociais, ampliou a visibilidade social e política da magistratura (CAMBI, 2009, p. 178, grifo do autor).

---

11 Sobre esse assunto é necessário apontar o que diz José Rodrigo Rodriguez: "[O] *originalismo democrático*, [é] um conjunto de orientações para a interpretação constitucional cujo objetivo central é transformar a experiência de democracia da Assembleia Nacional Constituinte em um modelo de procedimento para a interpretação das normas constitucionais, mantendo em nosso horizonte nossas instituições como elas são (2019, p. 465)". E mais: "O *originalismo democrático*, portanto, parte do pressuposto de que nossa experiência político-constitucional não produziu valores claros e organizados, plasmados em princípios constitucionais coerentes, mas sim uma pauta de problemas sociais disciplinados de forma aberta por nosso texto constitucional. Nesse sentido, nosso texto deve ser encarado como um mapa político-jurídico dos conflitos sociais brasileiros, cuja função é oferecer parâmetros para lidar com os conflitos sociais, sem oferecer-lhe solução antecipada (2019, p. 473)

12 Afiança-se argumento outro em que Dardot e Laval (2016, p.27-28) que "a crise que atravessamos aparece como aquilo que é: uma crise global do neoliberalismo como modo de governar as sociedades. [...] A crise mundial é uma crise geral da "governamentalidade neoliberal", isto é, de um modo de governo das economias e das sociedades baseado na generalização do mercado e da concorrência. [...] Tornou-se comum relacionar a crise ao "novo regime de acumulação financeira", caracterizado por uma instabilidade crônica que assiste à formação sucessiva de "bolhas especulativas" e a seu estouro, mas é raro que se diga que a financeirização do capitalismo em escala mundial é apenas um dos aspectos de conjunto de normas que envolveram progressivamente todos os aspectos da atividade econômica, da vida social e da política dos Estados desde o fim do anos 1970".

Tal aumento de visibilidade culmina diretamente no debate acerca da legitimidade das decisões judiciais, pois, diferentemente dos demais poderes, os membros do Judiciário não são escolhidos diretamente pela sociedade. Assim, cumpre assentir que, pelo menos inicialmente, "o dogma da separação dos poderes fica abalado" (STRECK, 2014, p. 45), vez que o deslocamento do poder pesa fortemente em direção ao Judiciário, que, como dito alhures, passa a ter a última palavra sobre as normas constitucionais. O dilema que daí exsurge diz respeito a como conter os excessos desse Poder, e, também, em até que ponto a própria democracia não é corroída pelo enfraquecimento dessa separação entre os poderes.

Nesta quadra da exposição, a falta de conceitos bem definidos de Constituição, Estado Democrático de Direito e Jurisdição Constitucional deve estar patente. A resposta, contudo, na linha do que aqui se busca construir, não pode ser estabelecida *a priori*, pois, a depender do conceito aplicado, estar-se-ia defendendo uma determinada forma de interpretação da norma constitucional e dando respostas diferentes às crises neoconstitucionalistas.

Na lição de Kagi (1945 *apud* STRECK, 2014, p. 37, tradução do autor): "Diz-me a tua posição quanto à jurisdição constitucional que eu te direi que conceito tens da Constituição"[13]. Tal tônica revela que qualquer posição quanto à Constituição depende, inicialmente, da forma como os juízes entendem e aplicam o direito.

O problema que aqui se delineia, assim, é o amplo poder de moldagem das instituições democráticas dado ao juiz. Isso porque se o direito positivo possui critérios bem claros para sua produção, a decisão judicial se constrói no discurso e na argumentação, que são de livre de livre convicção[14] ao juiz, que fundamentando, pode tomar a decisão que julgar mais correta. Tal deslinde, junto à falta da escolha dos membros do poder judiciário pelos cidadãos, é o principal desafio da hodierna Teoria da Constituição.

Nesta seara, dois paradigmas elencam posições antagônicas que se tornam fundamentais para este trabalho. Tais paradigmas procuram, diretamente, traçar os limites da atuação do Poder Judiciário, e, assim, conduzem a diferentes níveis de interpretação das normas constitucionais e sua eficácia. Trata-se do procedimentalismo e do substancialismo.

---

13 "Sage mir Decine Einstellung zur Verfassungsgerichtsbarkeik und ich sag Dir, man für einen Verfassungsbegriff Du hast".

14 A título de esclarecimento, deveras percuciente a lição de Streck (2017b, p. 33-34): "A partir do CPC 2015, portanto, não poderá o juiz ou tribunal referir que a "decisão *x* foi exarada desse modo em faz da livre apreciação da prova ou de seu livre convencimento". Isso implica outra questão absolutamente relevante: por decorrência lógica, não poderá o juiz fundamentar a decisão alegando que "julgou segundo sua consciência", uma vez que isso seria repristinar a expressão derrogada, conspurcando, assim, a vontade legislativa. [...] O CPC/2015, ao retirar o poder do livre convencimento ou livre apreciação, assume um nítido sentido "não protagonista", afastando o velho instrumentalismo e os fantasmas do antigo "socialismo processual" (Büllow, Menger, Kelin)".

2.3 Procedimentalismo e substancialismo

2.3.1 Procedimentalismo habermasiano

O procedimentalismo, visto a partir de Habermas, é a construção de uma verdadeira *teoria do discurso* que satisfaça as condições de *autonomia dos indivíduos* e *legitimidade do direito*. Toda a obra do filósofo alemão da Escola de Frankfurt, considerado como "o último grande racionalista" (COTRIM, 2006), gira em torno de garantir o primado da autonomia das pessoas.

Para Habermas, a formação da autonomia dos indivíduos é condição *sine qua non* para o desenvolvimento de uma teoria do discurso. Desta feita, as pessoas só se tornarão autônomas, "na medida em que puderem se entender também como autoras do direito, ao qual se submetem enquanto destinatárias" (HABERMAS, 2011, p. 146).

Assim, quando o Estado decide em suas cúpulas superiores as políticas sociais que pretende implantar, retira dos indivíduos sua participação enquanto criadores do direito e cerceia-lhes a possibilidade de deliberar quanto a que direitos gostariam de receber e qual seria a prioridade a ser estabelecida pela Administração[15].

Por esse motivo, só é legítimo, ao crivo do filósofo, "[...] o direito que surge da formação discursiva da opinião e da vontade dos cidadãos que possuem os mesmos direitos" (HABERMAS, 2011, p. 146). Desta feita, se direito legítimo quer dizer direito discursivamente elaborado entre os indivíduos[16], o Estado Democrático de Direito é entendido como:

> [...] a institucionalização de processos e pressupostos comunicacionais necessários para uma formação discursiva da opinião e da vontade, a qual

---

15 Embora se vive em uma democracia, questões como esta ocupam a pauta do dia. Ou seja, a justiça se faz pela atuação de algum poder da república, contudo, quando não abre espaço para a participação de atores sociais, seria injustiça? Aparentemente sim. Ao optar pela tese de Miguel (2016) verifica-se que a profunda desigualdade social causa uma *descrença* sobre a capacidade potencial das pessoas interviem na condução dos negócios de interesse comum. Logo, há de se questionar a postura ativista do judiciário (como se agisse por procuração) e a sua legitimidade. Desse modo, a possiblidade *in casu* de aventar a legitimidade por reflexividade de que apropriam (muitos que defendem a legitimação do judiciário por resultado) de Rosanvallon é descabida uma vez que abrir-se-iam possibilidade de adoção de posturas utilitaristas, consequencialistas e economicistas que predam direitos historicamente construídos transformando-os e potenciais mercadorias.

16 A legitimação dos direitos, enquanto produto de um processo político argumentativo, deve levar em conta: que "No campo da política, Rawls afirmou que a *objetividade* "uma estrutura pública de pensamento" que proporcione uma visão de concordância de julgamento entre agentes racionais. A racionalidade requer que os indivíduos tenham vontade política de ir além de seus próprios interesses específicos. Mas ela também impõe exigências sociais para ajudar um discernimento justo, inclusive o acesso a informação relevante, a oportunidade de ouvir pontos de vista variados e exposição a discussões e debates públicos abertos. Em sua busca de objetividade política, a democracia tem de tomar a forma de uma racionalidade pública construtiva e eficaz (SEN; KLIKSBERG, 2010, p. 54).

possibilita, por seu turno, o exercício da autonomia política e a criação legítima do direito (HABERMAS, 2011, p. 181).

Por isso Habermas atribui a si mesmo o título de procedimentalista: sua ideia de uma democracia que se constrói em discursos, vislumbra, necessariamente, um ordenamento jurídico que assegure procedimentos seguros para a livre circulação e formação do discurso. Em suas palavras, seu paradigma é formal, pois "apenas formula as condições necessárias segundo as quais os sujeitos podem, enquanto cidadãos, entender-se entre si para descobrir seus problemas e o modo de solucioná-los" (HABERMAS, 2011, p.190).

Por tal motivo, Habermas (2012, p. 304) observa "[...] no Estado de direito e no desenvolvimento do sistema jurídico em geral, um deslocamento preocupante entre parlamentos e tribunais constitucionais". E assevera que a crítica que se faz a jurisdição constitucional é, assim, sempre uma crítica a ofensa à separação dos poderes, sendo que a Constituição não é o limiar dos direitos subjetivos resolúveis jurisdicionalmente, agigantando o Judiciário. Pelo contrário, a Constituição:

> [...] determina procedimentos políticos segundo os quais os cidadãos, assumindo seu direito de autodeterminação, podem perseguir cooperativamente o projeto de produzir condições justas de vida (o que significa: mais corretas por serem equitativas) (HABERMAS, 2012, p. 326).

Habermas (2011, p. 55, grifo do autor), idealiza assim, a: "figura de uma comunidade *jurídica* que organiza a si mesma". Nessa comunidade, um tribunal constitucional não é autoevidente, e como o próprio autor chega a sugerir, se existisse deveria estar a cargo do Legislativo onde há maior fruição do debate popular (HABERMAS, 2011).

Contudo, independente de em que poder se aloque, nos moldes de uma Constituição que assegura procedimentos, "[...] o tribunal constitucional deve proteger o sistema de direitos que possibilita a autonomia privada e pública dos cidadãos" (HABERMAS, 2012, p. 326). Para tanto, deve corrigir os desvios procedimentais e assegurar as liberdades públicas (HABERMAS, 2011, 2012).

A decisão judicial, todavia, não fica excluída de buscar a legitimação que é exigida para todo o restante do sistema. Para esse fim, Habermas estabelece uma cisão entre discursos de fundamentação e discursos de aplicação.

Para ilustrar o conceito, suponha-se a seguinte situação hipotética: Paulo, todos os dias, leva gelatina para o trabalho. Numa manhã, sua colega, Márcia, subtrai para si a sobremesa e a consome. Indignado, e ciente da autoria da parceira de trabalho que confessara o delito, Paulo se dirige a delegacia desejando a abertura de inquérito policial por furto (art. 155 do

Código Penal Brasileiro). Há que se questionar: trata-se de ilícito penal? Márcia deve ficar reclusa pelo período de 1 a 4 anos, além de pagar multa? Uma norma deve ser aplicada a todos os casos, independente, dos seus aspectos particulares?

A resposta para todas as questões é um uníssono não. Isso porque, na esteira do que expõe Habermas (2012), a norma, quando criada, possui uma gama de situações para as quais pode ser aplicável, considerando para tanto a finalidade para qual foi editada. Não pode, todavia, prever todas as situações de aplicabilidade, razão pela qual uma análise detida do magistrado pode determinar se tal norma incide, ou não, a determinada ocasião em concreto.

Desse modo, as situações de criação da norma que explicitam sua finalidade, seriam dotadas de discursos universais, enquanto a análise *in concreto* realizada pelo magistrado seria um verdadeiro discurso de aplicação. Na síntese de Cambi (2009, p. 281): "O discurso de fundamentação ou de justificação das normas está ligado ao princípio da universalidade, enquanto o discurso de aplicação é produto da argumentação dirigida à aplicação das normas"[17].

Habermas credita que os discursos de aplicação afetam muito reflexamente as pessoas, já que se destinam a situações individualizadas. Por isso se põe preocupado com a questão da universalidade e dispõe que os discursos de fundamentação devem estar fincados nos mesmos discursos sociais que legitimam políticas públicas e legislações (HABERMAS, 2012). Devem, pois, se submeter ao discurso. Desta forma, ao julgar, o juiz não estaria discutindo qual é o direito, tarefa restrita aos discursos de fundamentação e realizada democraticamente pelo discurso, mas sim, realizando a necessária implicação entre os fatos e o direito[18] para realização da sentença, o que lhe daria uma margem de atuação limitada.

---

17. Convém destacar a questão sobre *texto e norma*, pois, nessa senda, o juiz pode atribuir, à normas, sentido diverso, isto é, "para Müller, a norma é constituída apenas no caso concreto, como resultado de uma atividade prática, na qual os elementos linguísticos do Direito dos textos de normas), adquirem sentido a partir de sua conjugação com elementos de fato (STRECK, 2017a, p. 279)". Dessa "cisão", mas uma vez, pode aquele, titular do poder, *atribuir* o sentido que quer, por exemplo, às normas constitucionais.

18. A despeito dessa tese, impende enunciar o pensamento de Streck (2017a, p. 22) "*Applicatio* quer dizer que, além, de não interpretarmos por partes, em fatias, também não interpretamos *in abstrato*. Quando nos deparamos com um texto jurídico (uma lei), vamos compreendê-lo a partir de alguma situação, concreta ou imaginária. Do mesmo modo, também não pensamos em um lápis *in abstrato*. Quando falamos "lápis" falamos de um determinado lápis. E ele estará em algum lugar, relacionado a algo. Isso quer dizer que o intérprete não enxerga, primeiro, uma coisa sem sentido, para depois acoplar o conceito. Conceitos não existem sem as coisas. É claro que conceitos e coisas não estão colados. Mas também não são descolados a ponto de o intérprete poder dar qualquer conceito (sentido) à coisa. Quando o intérprete se depara com um teto, há já um sentido que se antecipa. Mesmo quando falamos do Código de Hamurabi estaremos aplicando de algum modo um sentido a uma coisa. No campo da interpretação do Direito, isso quer dizer que não existe um texto sem norma (sentido) e tampouco norma (sentido) sem texto".

Nota-se, assim, que, para o filósofo, uma sociedade terá tantos direitos quanto maior for sua capacidade de mobilização já que é da responsabilidade dos indivíduos a organização dirigida a pontuar o que é juridicamente relevante, debater publicamente as premissas do direito desejado, e consolidar os anseios mediante legislação – procedimento esse reiterado em inúmeras passagens de sua obra *Direito e Democracia*.

Em síntese, nota-se que os conceitos construídos por Habermas da Constituição, do Estado Democrático de Direito e Jurisdição densificam uma postura preocupada com os procedimentos que asseguram o debate público, e não com o significado e a extensão dos direitos. São os cidadãos que devem construir a base do Estado, não sendo dado ao executivo e ao judiciário intervir nesse processo.

2.3.2 Substancialismo e substancialismos

O substancialismo, como contraponto ao procedimentalismo, é o paradigma que expõe que a mera garantia de procedimentos no texto constitucional não é suficiente para assegurar que os direitos dos indivíduos estarão assegurados (STRECK, 2011). Para seus adeptos, o reconhecimento de que a Constituição possui regras e princípios, e que ambos possuem força normativa, demanda ao Judiciário a necessidade de avaliar até que ponto um direito consolidado num princípio pode ser exigido jurisdicionalmente numa situação concreta.

Nas palavras de Cambi (2009, p. 288):

> [...] a corrente substancialista da jurisdição entende que o Poder Judiciário é o intérprete da vontade geral ou dos valores substanciais implícitos no direito positivo. [...] Afinal, não é exato sustentar que o direito ou a democracia se contentam em estabelecer uma regra de jogo puramente formal, incompatível com qualquer conteúdo material.

Há que se considerar, contudo, que nem todo substancialismo é igual, e que a leitura de seus atores pode causar graves diferenças de significado sobre a Constituição, o Estado e o papel dos juízes no exercício da jurisdição. Assim, para os fins dessa exposição, serão apontados os pensamentos de dois "substancialistas"[19]: Ronald Dworkin e Robert Alexy.

---

19   Embora Alexy seja um procedimentalista conforme Streck (2017c). Neste trabalho optou-se por considerá-lo um substancialista, pois, em sua teoria traceja-se em uma tentativa de compreensão do conteúdo de princípios que engendram uma espécie de *valoração intrínseca* que se nota ostensiva na ideia de ponderação e mitigação de princípios. Ademais, como dito na introdução, boa parte da doutrina e dos juristas, vítima de uma importação desajeita, também o consideram um substancialista. N'outra parte, Dworkin é enquadrado como um substancialista a partir de sua postura teórica cognitivista, isto é, que busca a resposta certa e se

Eis a primeira tópica: ambos partem de uma perspectiva da Constituição como norma jurídica, donde podem ser vistos princípios e regras. Alexy (2008, p. 85), põe essa dicotomia como base de sua análise ao afirmar que: "Essa distinção constitui um elemento fundamental [...] Com sua ajuda, problemas como os efeitos dos direitos fundamentais perante terceiros e a repartição de competências entre tribunal constitucional e parlamento podem ser mais bem esclarecidos".

Em sua análise, princípios são: "normas que ordenam que algo seja realizado na maior medida possível dentro das possibilidades jurídicas e fáticas existentes" (ALEXY, 2008a, p. 90), enquanto as regras: "são normas sempre ou satisfeitas ou não satisfeitas. [...]. Regras contêm, portanto, determinações no âmbito do que é fática e juridicamente possível" (ALEXY, 2008a, p. 90).

Desse raciocínio, convencionou-se dizer que os princípios seriam "mandados de otimização que são caracterizados pelo fato de que a medida devida de sua satisfação não depende somente das possibilidades fáticas, mas também das possibilidades jurídicas" (ALEXY, 2008a, p. 89). Dessa forma, cada princípio seria, em verdade, uma ordem aos Poderes do Estado para que realizem em sua maior amplitude possível o valor que buscam consagrar.

Em sentido diverso, Dworkin (2007, p. 39) parte da distinção entre regras e princípios para esclarecer que: "regras se aplicam em juízos de tudo ou nada" – ou seja, são enunciados válidos ou inválidos em cada situação concreta, enquanto os princípios, cooriginários que são da moral social, seriam valores fundamentais da sociedade, sobre os quais se construiriam as regras. As regras, assim, teriam como fundo o princípio que às justifica e a cujo valor busca prestigiar.

Dworkin desenha, nesse ínterim, a figura de uma comunidade que se estrutura em princípios. Em suas palavras o modelo de uma sociedade construída nesses moldes:

> Insiste em que as pessoas são membros de uma comunidade política genuína apenas quando aceitam que seus destinos estão fortemente ligados da seguinte maneira: aceitam que são governados por princípios comuns e não por regras criadas por um acordo político (DWORKIN, 2014, p. 254).

Nessa sociedade de princípios, faz-se uma cisão entre argumentos de *policy* (política) e argumentos de princípio. Por esse entendimento: "Os argumentos de polícia justificam uma decisão política, mostrando que uma decisão fomenta ou protege algum objetivo coletivo da comunidade como um todo"

---

contrapõe ao relativismo e/ou ceticismo de outros juristas (positivistas). Portanto, a dicotomia substancialista e procedimentalista possui mais um caráter *didático* do que, necessariamente, epistemológico. Afinal, a intenção deste trabalho é expor, inicialmente, a concepção que povoa o imaginário e a prática jurídica no Brasil.

(DWORKIN, 2007, p. 129), enquanto os argumentos de princípio: "[...] justificam uma decisão política mostrando que a decisão respeita ou garante um direito de um indivíduo ou de um grupo" (DWORKIN, 2007, p. 129). Em sua perspectiva, enquanto o legislativo se vincula a ambos, cabe ao judiciário apenas os argumentos de princípio, ou seja, aqueles fundados em direitos individuais[20].

Por isso, Duarte (2012, p. 119) vai afirmar que na concepção do autor norte-americano, os direitos fundamentais são "[...] objetivos políticos individualizados que operam como trunfos em relação a certos tipos de decisão manejada pela maioria política". E complementa: "São direitos morais individuais [...] expressos na forma de princípios". É dizer, são direitos que nascem numa comunidade de princípios, onde a moral é, pois, co-originária da produção do direito (DWORKIN, 2007), representado pois, as bases dessa comunidade – daí exsurgindo seu caráter contramajoritário e a sua característica de direitos subjetivos.

E é nesse sentido que o pensamento de Dworkin se contrapõe ao de Alexy: enquanto para o último os princípios seriam o caminho de abertura do sistema normativo aos demais valores sociais alheios ao direito (política, moral, economia e outros), para Dworkin, princípio é tudo aquilo que antecede a regra, funcionando como critério de fechamento para o sistema normativo (STRECK, 2012).

Assim, ao buscar a completude do ordenamento jurídico ou realizar sua interpretação em conformidade com a Constituição, o magistrado deveria, para Alexy (i), verificar quais são os valores que se colidem nos princípios que se encontram em conflito. Para Dworkin (ii), no entanto, o magistrado deve, através da história da norma e da sociedade, construir uma decisão que trate com coerência e integridade os princípios que foram estabelecidos por essa comunidade de direito. Cabe verificar detidamente, pois, cada uma dessas compreensões sobre a aplicação dos princípios (ideia de romance em cadeia)[21].

Inicialmente, e em se tratando da perspectiva adotada por Robert Alexy, impende destacar que para o autor esses "mandados de otimização", que

---

20   Ratifica-se a ideia alhures conforme Dworkin (2014, p. 215) "Deveríamos aceitar restrições constitucionais ao poder democrático para impedir que a maioria restrinja a liberdade de expressão, ou outras liberdades importantes? Essas difíceis questões se colocam porque a equidade e a justiça às vezes entram em conflito. Se acreditarmos que a integridade é um terceiro e independente ideal, pelo menos quando as pessoas divergem sobre os dois primeiros, então podemos pensar que, às vezes, a equidade ou a justiça devem ser sacrificadas à integridade".

21   Criticamente à ideia dworkiana, Rodriguez (2017, p. 16) diz: "por exemplo, a contraposição feita por Ronald Dworkin entre os modelos de racionalidade judicial dos assim denominados *consequencialismo, originalismo* e *direito como integridade*, este capitaneado metaforicamente pelo Juiz Hércules, dá conta de maneira muito imperfeita da realidade nacional. Aqui, os juízes e os juristas não debatem entre si a melhor solução para o caso concreto e para os problemas jurídicos pensados em abstratos, incapaz de acessar o funcionamento real de nossas instituições e avaliar seu sentido mais específico.

correspondem aos princípios, podem incidir concomitantemente sobre uma mesma situação concreta. Nesse caso – a despeito das regras cuja aplicação de uma impende na invalidação da outra (ALEXY, 2008b) – deve ser realizado um sopesamento[22] no qual se estabeleça qual dos princípios conflitantes deve prevalecer na situação *sub judice*. É dizer: não existe uma única resposta correta ao problema jurídico, e sim respostas possíveis (STRECK, 2014), aferidas mediante um procedimento lógico e argumentativo.

Tal sopesamento, seria decorrente "[...] logicamente da natureza dos princípios" (ALEXY, 2008a), uma vez que, sendo valores fundamentais do Estado, não há a possibilidade de invalidação de um princípio para a aplicação de outro, devendo ser realizado um procedimento de racionalização da decisão, que não exclua nenhum dos princípios conflitantes, mas sim, que culmine na prevalência de um sobre outro naquela dada circunstância[23]. Tal procedimento, resultante do postulado da proporcionalidade (ÁVILA, 2015), seria composto de três etapas. São elas: a adequação, a necessidade e a proporcionalidade em sentido estrito. Seu objetivo "[...] é definir qual dos interesses – que abstratamente estão no mesmo nível – tem maior peso no caso concreto" (ALEXY, 2008a, p. 95).

Tais etapas se concebem como regras. Isso quer dizer que se aplicam através de juízos deontológicos: ou a etapa é válida ou é inválida e, nesse segundo caso, o resultado não é possível. Assim, como afirma Cambi (2009, p. 465, grifo do autor): "Tratam-se de elementos autônomos que devem ser aplicados *subsidiariamente*". E complementa: "[...] a análise da necessidade somente ocorrerá caso superado o exame da adequação; a da proporcionalidade em sentido estrito apenas acontecerá se o problema já não tiver sido solucionado com os juízos da adequação e da necessidade" (CAMBI, 2009, p. 465).

---

22   A ideia de sopesamento, inexoravelmente, aponta para a visão de procedimento, inclusive, que o próprio autor dispõe de fórmulas com variáveis que se moldam conforme o caso. Por isso, mais uma vez, o porquê do procedimentalismo.

23   O que se nota é a indiscutível discricionariedade sobre o juízo de sopesamento. Não se verificam critério estabelecidos por lei para tanto. Há aqui, inquestionável, atuação voluntarista do juiz. Pode-se, dessa maneira considerar juízos discricionários, isto é, o sopesamento é uma ação solipsista guiada pela razão prática moldada às formas de uma moral privada e não pública democrática. A esse respeito: "já Kelsen não se preocupa com essa incorporação que o juiz possa fazer, porque sua teoria é pura com relação à Ciência do Direito e impura com relação ao Direito propriamente dito. Barroso (e todos os que acreditam nas teses da moralização do Direito) incorpora os elementos morais sem a preocupação dos incorporacionistas do positivismo inclusivo; Kelsen obviamente nada tem a ver com isso, porque é um positivista de outra cepa, costumeiramente denominado de positivismo normativistas (que não pode ser confundido com aquilo que se denomina de positivismo normativo, do estilo positivismo sustentado por Waldron). Em outras palavras, a discricionariedade pode surgir tanto no positivismo jurídico como em correntes que se autodenominam contrárias a essa postura. O pode discricionário, em síntese é uma "autorização" para o juiz atuar como "legislador intersticial". E isso não é democrático, no plano de qualquer teoria contemporânea [...] Direito e discricionariedade não coabitam o mesmo espaço, afinal, quando admitimos uma decisão discricionária, automaticamente, afirmamos que essa decisão poderá ser pautada por critérios não jurídicos" (STRECK, 2017a, p. 61).

Assim, o juízo de adequação, primeira etapa do postulado, busca responder se o meio escolhido é medida que se demonstra apta a atingir o fim que lhe dirige o aplicador (ALEXY, 2008a). Há que se observar que esse juízo é deontológico (sim/não) e não de valor (bom/ruim) (COURA, 2009). Ou seja: não se avalia se determina hipótese é melhor que a outra para a consecução do fim, mas sim, se ela tem o condão de realizar o resultado prático desejado. A hipótese, nesse caso, apenas estaria descartada frente à ocorrência da absoluta impossibilidade de sua realização (ALEXY, 2008a).

A segunda etapa, a da necessidade ou exigibilidade, nas palavras de Cambi (2009, p. 466) o intérprete deve se perguntar: "[...] não há outro meio alternativo menos gravoso e igualmente eficaz para se chegar ao mesmo resultado?". Nesse caso, dada a existência de dois meios para satisfazer o mesmo princípio, deve o julgador escolher aquele que menos onere a coletividade e interfira o menos possível nos demais princípios (ALEXY, 2008a). Como afirma Alexy (2008a, p. 591): "[...] aqui a ideia de otimização é facilmente identificável".

Por fim, a última etapa é a da proporcionalidade em sentido estrito. Esse é o momento em que o julgador de fato *sopesa* qual princípio deverá prevalecer naquele caso concreto. Essa *lei do sopesamento* (CAMBI, 2009), seria dividida em três passos:

> 1) avalia-se o grau de não satisfação ou de afetação de um dos princípios; 2) examina-se a satisfação do princípio colidente; 3) deve-se considerar se a importância da satisfação do princípio colidente justifica a afetação ou não ou a não satisfação do outro princípio.

Ou seja, para passar pela etapa do sopesamento, deve o julgador avaliar se a hipótese aventada realiza, ao máximo, ambos os princípios, ainda que na situação de fato um deles vá prevalecer sobre o outro (ALEXY, 2008a). Tal sopesamento, ainda, deve considerar sempre o menor impacto possível para a coletividade sendo, portanto, uma baliza entre os meios de que dispõe o Estado e os fins que se pretende sejam alcançados com a decisão.

Cumpre estabelecer que Alexy (2008b) parte, ainda, de uma diferenciação entre princípio e valor. Para ele, enquanto para o princípio há *regra* de valoração, aos valores existiriam apenas *critérios* de valoração, haja vista a natureza deontológica dos primeiros e a axiológica dos últimos (ALEXY, 2008b). É dizer: enquanto os primeiros se resolveriam em sistemas binários (certo-errado, legal-ilegal) os últimos se resumiriam ao que é bom, ou seja, se estabeleceriam em escala de valor[24].

---

24 Adverte-se, tempestivamente, que essa escala não detém parâmetros democraticamente eleitos. Há uma atribuição discricionária de poderes de valoração, logo, constitui-se arbitrária.

Nesse sentido, ele afirma que "O modelo de princípios e o modelo de valores mostram-se, na essência, estruturalmente iguais" (ALEXY, 2008a, p. 153), de tal modo que "[...] as objeções às teorias valorativas dos direitos fundamentais podem atingir também a teoria dos princípios" (ALEXY, 2008a, p. 153). Isso porque, conforme aduz Duarte (2012, p. 138): "[...] seria perfeitamente possível e demasiadamente simples passar de uma constatação que afirmasse ser uma determinada situação, do ponto de vista constitucional, a melhor para uma constatação que dissesse ser ela a constitucionalmente devida". Ou seja, do plano axiológico para o plano deontológico.

Daí se falar que tanto princípios, quanto valores comportam ponderações (ALEXY, 2008a), pois, os valores, na medida em que buscam sempre ser realizados, podem, tanto quanto os princípios, acabar incidindo sobre uma mesma situação, ocasião em que se observará, mediante critérios argumentativos de valoração, a realização de um sopesamento.

O que impende notar, assim, é que para Alexy o conteúdo dos princípios é importante. Sua teoria, enquanto tal, cuida de estabelecer um procedimento capaz de assegurar como avaliar o grau de aplicabilidade e de exigibilidade de um princípio numa situação concreta, ou seja, é reconhecidamente substancialista. A questão que se coloca, frente à Teoria da Argumentação que se desenvolve, é como legitimar as escolhas do julgador, vez que é do magistrado a escolha pelos critérios de valoração, ainda que estes tenham que se submeter à teoria argumentativa.

Para Dworkin, e em sua compreensão de uma sociedade que se organiza mediante princípios, dois critérios deveriam fundar o *modus operandi* do direito em determinada comunidade: a coerência e a integridade (DWORKIN, 2014).

Para apresentar sua tese do direito como integridade, Dworkin (2014) parte da análise de dois paradigmas vigentes no *common law* norte americano: o convencionalismo e o pragmatismo. O primeiro, "explica de que maneira o conteúdo de decisões políticas do passado pode tornar-se explícito e incontestável" (DWORKIN, 2014, p. 142). É dizer: estabelece que a sociedade convenciona instituições que deverão determinar o direito, tornando esse direito o que deve ser aplicado. O juiz deve, assim, seguir a convenção, é restringido por ela. Outrossim, rejeita a ideia de uma moral social e os princípios que emergiriam de uma sociedade com valores comuns (DWORKIN, 2007).

O último, como afirma o autor: "[...] não exclui nenhuma teoria sobre o que torna uma sociedade melhor. Mas também não leva a sério as pretensões juridicamente tuteladas" (DWORKIN, 2014, p. 195). Nesse cenário, o julgador, com vista à melhor decisão ao futuro da coletividade, deduz norma que não se vincula à lei (convenção do passado), e nem possui critérios definidos: "Não rejeita nem a moral nem as pretensões políticas. Afirma que, para decidir os casos, os juízes devem seguir qualquer método que produza aquilo que acreditam ser a melhor comunidade futura" (DWORKIN, 2014, p. 195). Nega, dessa forma que existam direitos individuais ou subjetivos oponíveis contra o arbítrio de terceiros.

A ambos os paradigmas, o norte-americano impõe um direito como integridade, fundado numa comunidade de princípios. Nas palavras de Dworkin (2014, p. 271):

> O direito como integridade nega que as manifestações do direito sejam factos do convencionalismo, voltados para o passado, ou problemas instrumentais do pragmatismo jurídico, voltados para o futuro. Insiste que as afirmações jurídicas são opiniões interpretativas que, por esse motivo combinam elementos que se voltam tanto para o passado quanto para o futuro; interpretam a prática jurídica contemporânea como uma política em processo de desenvolvimento.

Sua concepção de direito, assim, funda-se na ideia de um magistrado que, frente à situação concreta, mantenha-se atento ao presente, mas que, dentro das necessidades do caso, se volte ao passado – não em busca de regras fechadas e uniformes estabelecidas por terceiros legitimados (convenções) – mas sim, atrás de: "[...] uma história geral digna de ser contada [...]: a de que a prática atual pode ser organizada e justificada por princípios suficientemente atraentes para oferecer um futuro honrado" (DWORKIN, 2014, p. 274).

Assim, a fim de determinar a aplicação de um princípio, Dworkin acredita num judiciário forte, capaz de determinar a aplicabilidade de um direito através da leitura – presente, passada e futura – da comunidade de princípios. Não por acaso designará por Hércules[25] o magistrado que têm como missão aplicar o direito como integridade.

A integridade, contudo, deve ser realizada com coerência, o segundo alicerce do modelo de direito criado pelo norte-americano. Isso porque a integridade "[...] exige do magistrado que essas normas sejam coerentes, como se o Estado fosse uma única voz" (DWORKIN, 2014, p. 263). É dizer, não basta que se atinja uma decisão íntegra com os princípios da comunidade, é necessário que casos iguais venham a ter o mesmo tratamento, independentemente

---

25 Hércules é o juiz construído por Dworkin para responder a necessidade de um direito como coerência e integridade, seu juízo reflexivo: "[...] partiria de uma ordem política completa que possibilitasse o julgamento de qual interpretação apresentada no caso seria mais compatível com a Constituição. Isso demandaria um conhecimento integral das leis promulgadas, bem como de todos os precedentes eventualmente parelhos ao caso a se julgar. Esses precedentes exerceriam sobre o caso a ser julgado uma *força gravitacional*, que demandaria a consideração do texto extraído do(s) voto(s) que os tivesse originado, mas também, e principalmente, de todos os argumentos e fatos que para sua gênese tivessem contribuído. Apenas a partir daí, Hércules poderia aferir se um precedente serviria de base para fundamentação ou não do caso difícil" (DUARTE, 2012, p. 117, grifo do autor).

de onde sejam julgados, sob pena de que a própria integridade se perca. *Verbi gratia*, a coerência, indica, ainda, a necessidade de não compartimentar o direito em classes herméticas (direito civil, penal, administrativo), mas sim, de visualizá-lo como um sistema coerente.

Assim, em linhas gerais:

> O direito como integridade tem uma atitude mais complexa com relação aos ramos do direito. Seu espírito geral os condena, pois o princípio adjudicativo de integridade pede que os juízes tornem a lei coerente como um todo, até onde se torne possível fazê-lo, [...] Hércules responde a esses impulsos antagônicos procurando uma interpretação construtiva da compartimentalização (DWORKIN, 2014, p. 301).

Ocorre, assim, que de forma diversa do que propõe Alexy, para Dworkin a decisão judicial é feita por uma reconstrução – um verdadeiro trabalho hercúleo do magistrado – de encontrar a coerência entre os princípios de uma comunidade. Para ele, os princípios têm natureza, pois, deontológica (DWORKIN, 2007), já que, uma vez identificados, devem incidir sobre a situação por eles tutelada, havendo sempre uma única resposta correta – uma resposta adequada aos fundamentos sobre os quais se funda a sociedade (STRECK, 2014).

Não haveria um sopesamento entre princípios ou valores: os valores, cooriginários que são do direito, se encontrariam na própria norma de princípio, de tal forma que, numa dada situação concreta, o magistrado construiria – insista-se – a resposta adequada aos direitos fundados nessa comunidade.

Em linhas gerais, os paradigmas de jurisdição que ascenderam com o neoconstitucionalismo, assim, abrem importante discussão quanto a uma teoria da decisão baseada na Constituição. Modelos mais formais, como o procedimentalismo habermasiano, tendem, nessa conjuntura, a dar deliberada atenção aos direitos de liberdade, enquanto, modelos substanciais (como os de Alexy e Dworkin), cuidam de insistir nos direitos de igualdade – é dizer: buscam fazer com que todos os indivíduos, observadas suas peculiares, gozem do direito de forma igualitária e isonômica (igualdade material) (STRECK, 2010), fazendo, por isso, importante análise do conteúdo desses direitos.

Estabelecidos os paradigmas sobre os quais se pretende alicerçar um debate sobre a jurisdição constitucional e as possibilidades de concretização do direito à saúde, cumpre passar para uma análise pormenorizada desse direito no Brasil.

3 DIREITO À SAÚDE NO BRASIL

3.1 As lindes do desencanto

Uma análise que se queira real sobre o direito à saúde no Brasil, tem, em primeiro lugar, que considerar o ineditismo de sua posição enquanto direito, que ocorreu apenas com a promulgação da Constituição da República Federativa do Brasil de 1988. Há assim, que se observar que a saúde, antes desta Carta, era atrelada tão apenas ao trabalhador e ao controle de epidemias, sendo, portanto, técnica a serviço do Estado e não direito inerente à pessoa humana.

Isso traz reflexos importantes: a esteira de uma sociedade que entende e reconhece o valor da saúde, sua busca, enquanto direito à prestação, é muito mais efetiva vez que passa a fazer parte da cultura social. Uma análise sobre a saúde, assim, é sempre uma análise sobre como essa é entendida e buscada pela população, ou seja, de como essa população a reconhece como um direito (HABERMAS, 2012).

No Brasil, o tema restou pouco trabalhado nas constituições que se sucederam. As primeiras estruturas criadas para controle da saúde pública surgiram em 1808 e tinham como objetivo a instauração de obrigações tributárias e controle de endemias (BRASIL, 2011). Antes disso: "Nos 400 anos iniciais de nossa história, a maior parte da sociedade se automedicou utilizando-se da 'medicina popular'" (BRASIL, 2011, p. 23).

É a aglomeração nas áreas urbanas e o desenvolvimento da indústria que vão criar a necessidade do desenvolvimento de uma saúde pública. Como bem aduz Pivetta (2014, p. 31): "A proteção da saúde dos trabalhadores, nesse contexto, se mostrava como essencial à produtividade das fábricas, além de evitar que moléstias se alastrassem também entre os patrões".

Daí, que no Brasil, o modelo de cuidado que se desenvolveu inicialmente foi propriamente campanhista[26], caráter que se estendeu até meados do século XX. Tal modelo, capitaneado principalmente por Oswaldo Cruz e Emílio Ribas, se baseava centralmente no combate a difusão de epidemias (BRASIL, 2011).

Na lição de Pivetta (2014, p. 118): "Não havia, portanto, um conceito de saúde ligado a 'qualidade de vida' ou a 'proteção da dignidade da pessoa humana". E ainda arremata: "[...] a extrema pobreza e a falta de saneamento

---

26 "Campanhista Policial ou do Sanitarismo Campanhista [...] do campo da Saúde Pública, capitaneado por Osvaldo Cruz, no Rio de Janeiro, e Emílio Ribas, em São Paulo, baseado na bacteriologia e na imunologia de Pausteur e na ação autoritária e impositiva sobre os corpos individual e social, por meio de campanhas de vacinação (contra varíola e febre amarela), nas ações de desinfecção e na Política Sanitária com sua fiscalização de prédios, atividades e lugares. Foi implantado principalmente nos espaços urbanos essenciais a economia agro-exportadora da República Velha" (BRASIL, 2011, p. 36).

não eram considerados pelo Poder Público como problemas ligados à saúde" (PIVETTA, 2014, p. 121).

Tal caráter estatal, justamente por sua aplicação em descompasso com o conhecimento e acesso da população à serviços de saúde pública, culminaria cedo ou tarde em revolta popular. A chamada Revolta da Vacina, em 1904, é um expoente desse modelo: desinformação e ação de saúde centralizada pelo Estado. Nas palavras de Pivetta (2014, p. 118):

> Como sabia que somente a vacinação maciça poderia controlar a doença [varíola], editou-se um regulamento sanitário que tornou obrigatória – os que se negavam a vacinação eram multados, e o atestado de recebimento da vacina era requisito para matricula nas escolas, para tomar posse em empregos públicos, para a celebração de casamento etc. Tal medida teve recepção amplamente negativa pela população. A começar pelos adeptos da filosofia positivista, que entendiam a campanha como um "despotismo sanitário". Entre a população, completamente desinformada, foram disseminados vários mitos, como o receio de que a vacina poderia provocar morte nos cidadãos ou, ainda, deixar a pessoa com cara de bezerro.

O modelo campanhista, nesses termos, não havia como prosperar. Na busca de novas soluções o Estado investiu, ainda em 1953, numa repartição de competências sanitárias: o Ministério da Saúde, a cargo do controle de epidemias, e o Ministério da Previdência Social, responsável pelo oferecimento de tratamentos curativos (BRASIL, 2011). A saúde curativa, assim, ficava restrita aos que possuíam vínculo empregatício. A maior parte da população, contudo, continuava sem acesso aos serviços públicos de saúde.

No campo normativo, o debate, até a Constituição Federal de 1824, era através de uma garantia à "socorros públicos" (SARLET; FIGUEIREDO, s.a.). O termo direito à saúde, propriamente, surgiu apenas com a Constituição Federal de 1934, que, conforme se posicionam Cambi (2010), Streck (2011) e Mendes e Branco (2014), tem marcada inspiração na Constituição de Weimar erigida em 1919 na Alemanha, arraigada no modelo do Estado Social. Tinha, no entanto, não o viés de garantia, mas de fixação de competência, relegando a União e aos Estados, em seu art. 10, inciso II: "cuidar da saúde e assistência públicas".

Os demais textos constitucionais até o de 1969 – com a emenda n° 1 à carta de 1967 – mantiveram a função delegatória, pouco acrescentando à temática. Todos eles, conforme se depreende do art. 137, alínea *l*, da carta de 1937 e art. 165, IX e XV, da carta de 1967, o vincularam diretamente aos direitos dos trabalhadores, que tinham como preceitos o auxílio à saúde do trabalhador e o auxílio e irredutibilidade dos vencimentos das gestantes.

Nascida com Caixas de Aposentadorias e Pensões (CAPs), instituídas pela Lei Eloy Chaves (Decreto-lei n° 4.682/23), a assistência à saúde do trabalhador migrou entre diversas estruturas previdenciárias, mormente os Institutos de Aposentadoria e Pensões (IAPs) em 1933, o Instituto Nacional de Previdência Social (INPS) em 1966, e finalmente, o Instituto Nacional de Assistência Médica da Previdência Social (Inamps) em 1977. Em regra, a alteração do perfil estrutural buscou abarcar as alterações causadas pela inflação desses sistemas.

O inchaço populacional nas grandes cidades, assim, mostrava a falência do modelo de saúde centralizado na Previdência. "Na década de 60, o sistema previdenciário mostrava-se incapaz de responder a crescente massa assalariada urbana pela ampliação e melhoria dos serviços" (BRASIL, 2011, p. 24). A estrutura pública criada para atender um pequeno contingente de trabalhadores, foi sendo alargada para o número expressivo de mão de obra que se proliferou com a industrialização ocorrida na segunda metade do século XX. No pano de fundo, a insatisfação popular é crescente e, também, o é a pressão pela adoção de um modelo de assistência integral à saúde.

Em paralelo ao cenário desenhado no Brasil, no plano internacional os debates acerca de um conceito de saúde, e sua garantia enquanto direito, começam a ser desenvolvidos. Assim, em 7 de abril de 1948 é constituída a Organização Mundial da Saúde. Nos ditames de seu preâmbulo: "Saúde é um estado completo de bem estar físico, mental e social e não meramente a ausência de doença ou enfermidade". No documento, a saúde é apontada, ainda, como um bem coletivo fundamental a segurança e paz dos Estados, sendo a desigualdade na adoção de políticas de saúde um perigo comum a todas as nações (OMS, 1948).

Como bem lembra Dallari e Nunes Júnior (2010), por si, a adoção de um conceito já é uma revolução do quadro do entendimento sobre saúde, que em regra, era visualizada apenas como uma ausência de doença. Tal acepção amplia a margem das responsabilidades do Estado na concretização desse direito, pois amplia, de forma consequente, o próprio campo de incidência do que é considerado "estado de boa saúde".

Tal regulamento, contudo, não é o único marco internacional. Em 1976 é editado, também, o Pacto Internacional de Direitos Econômicos Sociais e Culturais que dispõe em seu artigo 12: "Os Estados Partes no presente pacto reconhecem o direito de toda a pessoa ao desfrute do mais alto nível possível de saúde física e mental" (BRASIL, 1992). Há, assim, uma crescente valorização internacional do acesso a saúde e à sua realização como direitos inerentes a pessoa humana (DALLARI; NUNES JR., 2010).

Estavam dispostos, nesses termos, os fatores internos e externos para um debate extensivo da saúde no Brasil. A queda do regime militar, em 1985, representou a última fronteira para a discussão do tema, vez que, como bem lembra Pivetta (2014), os militares coibiam severamente a pesquisa em saúde, e representaram outro forte empecilho ao desenvolvimento da cultura sanitária no Brasil[27].

Em 1986, já à égide da constituinte que criaria o texto constitucional de 1988, sob a presidência de Antônio Sérgio da Silva Arouca, instalou-se a 8ª Conferência Nacional de Saúde. Ao relatório final, construindo as premissas que passariam a integrar o projeto da saúde no novo texto constitucional, enfatizou-se a necessidade de universalização dos serviços de saúde, de integralidade da prestação dos serviços e a responsabilidade igual e solidária entre os entes federativos pela sua prestação (BRASIL, 1986).

Estabelecido em três grandes eixos: a saúde como direito, a reformulação do Sistema Nacional de Saúde e o financiamento do setor, o relatório final continha apenas 29 páginas, trazendo em seu bojo o conceito de saúde que seria adotado quase na íntegra pela constituinte, no artigo 196 da CRFB/88:

> Direito à saúde significa a garantia, pelo Estado, de condições dignas de vida e de acesso universal e igualitário às ações e serviços de promoção, proteção e recuperação de saúde, em todos os seus níveis, a todos os habitantes do território nacional, levando ao desenvolvimento pleno do ser humano em sua individualidade (BRASIL, 1986, p. 12).

A maior parte dos debates da 8ª Conferência Nacional de Saúde, assim, passou a integrar a Constituição da República Federativa do Brasil, promulgada em 1988. Depois de séculos, a saúde passa a integrar um rol, inédito, de direitos e garantias fundamentais que vem expresso logo no começo da Carta Maior, antes mesmo do título relativo à organização do Estado (CIARLINI, 2013).

Se no papel se subsumia a concretização de um modelo de saúde ideal, no plano fático, a análise se fazia diferente: sucateada desde as sucessivas alterações dos regimes de previdência, a estrutura de que dispunha a saúde até 1986 foi à mesma que ascendeu a era do acesso universal, igualitário e integral. Só que com ela, erigiram-se séculos de demanda reprimida por serviços públicos sanitários:

> Promulgada a Constituição Federal que previu este direito, pode-se concluir que automaticamente gerou-se desequilíbrio entre a oferta de serviços e a demanda, pois não existiu a etapa de preparação da administração

---

27 Nas palavras de Pivetta (2014, p. 120-121): Destaque-se, a título de exemplo que a repressão na área da pesquisa sanitária era intensa. No episódio conhecido como "Massacre de Manguinhos" (ocorrido em 1970), o presidente Costa e Silva, a pedido do então Ministro da Saúde, Francisco de Paula Rocha Lagoa (ex-aluno da Escola Superior de Guerra), demitiu dez pesquisadores da Fiocruz, com fundamento no art. 6º, §1º do Ato Institucional 5, pelo fato de serem defensores da valorização da pesquisa básica e da criação do Ministério da Ciência, posturas consideradas subversivas.

pública para assumir essas novas responsabilidades. A oferta estava limitada à rede assistencial existente até então, preparada para atendimento de um público restrito e norteada pelo viés curativo, em que se privilegiavam os serviços de atenção hospitalar (BRASIL, 2011, p. 55).

O novo modelo, assim, já nasce defasado. Junto com ele, uma análise da saúde, enquanto direito, surge desde já como uma análise quanto à possibilidade de se exigir do Estado sua concretização, já que ausentes os meios que garantam tal acesso integral e universal com a estrutura que ascendeu pós a Carta de 1988 (CIARLINI, 2013). Há, pois, uma preocupação em definir se tais direitos seriam meras promessas do constituinte ou verdadeiras garantias, oponíveis contra o Estado. Urge, nesses termos, analisar sobre que bases normativas foi fundado o direito à saúde no Brasil.

3.2 Dogmática do direito à saúde: a saúde enquanto direito fundamental

Durante a exposição realizada no capítulo 1, observou-se uma evolução histórica do constitucionalismo, ficando implícito, contudo, que "[...] a história do constitucionalismo é a de uma progressiva expansão das esferas de direitos" (CAMBI, 2009, p. 37). Restou exposto, nessa seara, que a primeira forma encontrada pelo povo para limitar o poder dos representantes foi através do estabelecimento de Parlamentos, responsáveis por criar leis que salvaguardassem o arbítrio do poder Estatal criando direitos contra essa ingerência.

Depois, a necessidade de garantir que os indivíduos possuíssem condições mínimas de existência (como alimentação, vestuário, moradia e educação), culminou por fazer ascender um novo tipo de direito, que exigia do Estado uma atitude positiva em prestar essas condições mínimas. Esse momento culminou por transferir uma margem de atuação maior ao executivo, responsável por essas políticas públicas.

Pois bem. Tais "direitos", como foram relacionados, são separados em gerações ou dimensões, que procuram demonstrar o seu surgimento e sucessão na história, como bem afirmou Cambi (2009). Os primeiros são, *lato sensu*, conhecidos como direitos de liberdade (ou defesa), e os últimos como direitos sociais (ou direitos a prestações) (BOBBIO, 2004). Somados a esses, surgem os direitos difusos, também chamados de direitos de terceira geração/dimensão. Nas palavras de Guerra Filho (2007, p. 43), neste caso "concebe-se direitos cujo sujeito não é mais o indivíduo, nem a coletividade, mas sim o próprio gênero humano".

Há que se apontar, contudo, que, dentre os doutrinadores, há os que acreditam haver outras gerações/dimensões. Assim para Paulo Bonavides, por exemplo, haveria no contexto atual espaço para se falar numa quarta geração/dimensão de direitos relacionados ao pluralismo político e a democracia (BONAVIDES, 2013). Apesar disso, tal posição ainda é minoritária.

A questão terminológica – gerações ou dimensões – se estende na doutrina pelo seu aspecto simbólico. Assim, enquanto gerações prenunciariam círculos herméticos com início, meio e fim (BOBBIO, 2004), as dimensões demonstrariam que uma geração não sucede a outra, mas sim se soma, havendo um verdadeiro desenvolvimento histórico desses direitos. Nas palavras de Guerra Filho (2007, p. 43, grifo nosso):

> [...] os direitos gestados em uma geração, quando aparecem numa ordem jurídica que já traz direitos da geração sucessiva, assumem outra **dimensão**, pois os direitos de uma geração mais recente tornam-se um pressuposto para entendê-los de forma mais adequada – e, consequentemente, também para melhor realizá-los. Assim, por exemplo, o direito individual de propriedade, num contexto e que se reconhece a segunda dimensão dos direitos fundamentais, só pode ser exercido observando-se sua função social, e com o aparecimento da terceira dimensão, observando-se igualmente sua função ambiental.

Tais direitos, ditos como humanos, "[...] aspiram à validade universal, para todos os povos e tempos, de tal sorte que revelam um inequívoco caráter supranacional" (SARLET, 2007, p. 36). Uma vez consagrados numa ordem constitucional particular, recebem a nomenclatura de direitos fundamentais, pois são "reconhecidos e positivados na esfera do direito constitucional positivo de determinado Estado" (SARLET, 2007, p. 36).

Tal nota de fundamentalidade, para Sarlet (2007, p. 88-89), traduz o seu papel como princípio a ser seguido na condução da atividade executiva estatal, vez que coloca esses direitos como "decisões fundamentais sobre a estrutura básica do Estado e da sociedade".

O direito à saúde, sob o prisma das dimensões que aqui se assentam, é indubitavelmente um direito social, de segunda dimensão, vez que destinado a assegurar aos indivíduos o acesso a saúde pública nos textos expressos na Carta Maior. Teria, como os demais direitos sociais, a característica de "serem escassos, de modo que os indivíduos apenas acedem a eles se forem despendidos recursos, por eles próprios ou pelo Estado, no fornecimento de prestações fáticas" (SARLET, 2007, p. 39). Nas palavras de Bobbio (2004), se trataria de verdadeiro poder dos indivíduos que poderiam exigir do Estado determinada prestação.

É, ainda, dotado de dupla fundamentalidade: formal e material (SARLET; FIGUEIREDO, n. d.). Nas palavras de Pivetta (2014, p. 45): "A fundamentalidade formal decorre da consagração expressa desses direitos no texto constitucional", enquanto a fundamentalidade material expressa "[...] as decisões mais importantes sobre a estrutura do próprio Estado" (PIVETTA, 2014, p. 47). Nesse sentido, além de integrados ao texto constitucional no capítulo concernente aos direitos fundamentais sociais – situação que o coloca como formalmente constitucional – a saúde se expressa como um fundamento essencial da sociedade que constitui-a-ação[28] do Estado, ou seja, se revela como verdadeiro fundamento material da Constituição (STRECK, 2014).

A classificação quanto às dimensões, contudo, recebe fortes críticas pela doutrina, pois, pode-se ser caracterizada como didática, tem muito pouca aplicação prática quanto ao conteúdo desses direitos. Por essa razão, diversos autores se propuseram a criar outras classificações. A mais famosa – A teoria dos quatro *status* de Jellinek – divide os direitos fundamentais de acordo com a função desses direitos: *status passivo ou subiectionis*, o *status negativo ou libertatis*, o *status civitatis* e o *status ativo* ou da cidadania ativa.

O primeiro, *status passivo*, diz respeito à posição do indivíduo como detentor de deveres junto à ordem constitucional. Trata-se, pois, das situações em que o indivíduo deve se sujeitar a imposição estatal (ALEXY, 2008a). O segundo, *o status negativus*, é o que determina a esfera de liberdade do indivíduo contra a ingerência do Estado. Aqui, reúnem-se os direitos de defesa como liberdade, expressão, propriedade etc.

O *status activus*, por sua vez, diz respeito ao poder de participação para constituir a vontade política do Estado. Por meio dele, os indivíduos participam do processo democrático. São exemplos o direito a votar e a ser votado (SARLET, 2007). O *status civitatis*, por fim, também chamado de *status* positivo, diz respeito ao reconhecimento do homem como dotado de uma "capacidade protegida juridicamente para exigir prestações positivas do Estado" (ALEXY, 2008a, p. 264). Aqui estariam postos direitos como à saúde, a educação, a moradia e a previdência.

A saúde, porém, não se limita ao *status civitatis*, muito embora este seja o predominante. Nas palavras de Alexy (2008a), a classificação de Jellinek, à par de apontar uma organização funcional dos direitos fundamentais, deve considerar que esses possuem feixes de posições jusfundamentais, pois, podem ter mais de uma função das elencadas. Assim, a saúde se trata, também, de um direito de proteção (*status negativus*), pois "[...] impõe que o Estado e outros particulares se abstenham de intervir indevidamente no âmbito de liberdade pessoal relacionada à saúde do indivíduo" (PIVETTA, 2014, p. 43).

No mesmo sentido, o direito à saúde possui, ainda, um *status activus*, pois expressamente determinou a Constituição a necessidade de participação da comunidade na seleção e controle das políticas públicas de saúde (artigo 198,

---

28 Para Streck (2012), a Constituição deve constituir-a-ação dos agentes no Estado Democrático de Direito. Isso significa que ela tem que ser fundamento do sistema jurídico, aplicando-se uma leitura constitucionalizada a todos os demais direitos do ordenamento.

inciso III da CRFB/88). Por esse motivo, como bem o denota Pivetta (2014, p. 45): "O Estado deve estruturar organizações e procedimentos que viabilizem a proteção e a promoção do direito à saúde".

No que tange a estrutura, as normas constitucionais costumam ainda ser classificadas como regras e princípios, distinção aqui já realizada sob a perspectiva substancialista de Dworkin e Alexy. Como bem o afirmam Mendes e Branco (2014, p. 72): "[...] tanto a regra como o princípio são vistos como espécies de normas uma vez que ambos descrevem algo que deve ser", porém, costumam ser diferidos pela abstração, e por sua funcionalidade. Assim: "princípios seriam aquelas normas com teor mais aberto do que as regras" (MENDES; BRANCO, 2014, p. 72).

Outrossim, aos princípios caberia certa virtude multifuncional. Por esse critério "[...] desempenhariam uma função argumentativa" (MENDES; BRANCO, 2014, p. 72), vez que seriam verdadeiros *standarts* de justiça demonstrando a razão de ser de certas normas e institutos.

Sob esse prisma, o direito à saúde é classificado como princípio. Isso porque, como lembrou Ciarlini (2013), representa, pois, um fundamento e um ideário a ser perseguido pelo Estado, cumprindo não só o critério da abstração, como também o de função argumentativa, vez que busca inspirar outras regras e princípios.

Outra classificação que comumente se subjaz aos direitos fundamentais, diz respeito a possuírem uma dimensão subjetiva e uma dimensão objetiva. Na conceituação de Cambi (2009, p. 102-103):

> A primeira considera que os direitos são pretensões de vontade, sendo instrumentos para a realização de interesses individuais, que integram a autonomia pessoal, o que permite que cada um decida se pretende exercitar ou renunciar aos seus direitos. Pela segunda visão, o direito não serve para liberar a vontade do homem, já que esta, por si só, pode conduzir ao arbítrio e à desordem. Cabe aos direitos conduzir a autonomia da vontade a uma justa dimensão, voltada à adoção de medidas políticas orientadas à justiça, compreendida como bem comum. Assim, a dimensão objetiva trata os direitos como consequência ou reflexo de um direito justo, como tarefa a ser realizada pelos governantes e como dever de promoção dos direitos dos mais fracos.

Nesse sentido, numa perspectiva subjetiva, a saúde seria compreendida como um direito que pode ser buscado através de instrumentos processuais próprios que imponham sua prestação pelo Estado. No plano objetivo, contudo, seria medida de política pública, cabendo à Administração determinar, dentro da escassez de seus recursos, quais prestações de saúde disponibilizaria a população.

A adoção de uma postura subjetiva para a saúde, contudo, não passa incólume pela doutrina. Diferente dos direitos de primeira dimensão, que são largamente compreendidos em seu duplo aspecto – objetivo e subjetivo – os direitos sociais são comumente associados à natureza programática, que tolhe a sua confirmação como plenamente subjetivos, exigindo o debate quanto a uma disponibilidade orçamentária do Estado. Tal discussão, todavia, realiza-se no plano da aplicabilidade, que deve, pois, ser verificado.

Assim, no plano da aplicabilidade, as normas constitucionais são comumente classificadas em normas de eficácia plena, contida e limitada, na clássica divisão de José Afonso da Silva (2008a; 2008b). Este estabelece que, *lato sensu*, trata-se de normas de eficácia plena àquelas normas diretamente subsumíveis sem qualquer limitação ou dependência de complementação normativa, e normas de eficácia contida quando, apesar de desde já produzirem efeitos, puderem ser limitadas por legislação superveniente.

Já as normas de aplicabilidade limitada na definição de Silva (2008a, p. 83): "[...] somente incidem totalmente sobre esses interesses após uma normatividade ulterior que lhes desenvolva a eficácia, conquanto tenham uma incidência reduzida e surtam outros efeitos jurídicos não-essenciais". Tais normas se subdividem em normas programáticas e normas de princípio institutivo.

As normas de princípio institutivo, nas palavras de Mendes e Branco (2014, p. 70) são "referentes às que contém um apanhado geral, um início de estruturação de institutos e instituições, entidades e órgãos". Dessa categoria, são exemplos, o art. 22, § único e o artigo 33 da CF/88.

Já as normas programáticas, na definição de Sarlet (2007, p. 309) são:

> [...] normas que apresentam a característica comum de uma (em maior ou menor grau) baixa densidade normativa, ou, se preferirmos, uma normatividade insuficiente para alcançarem plena eficácia, porquanto se trata de normas que estabelecem programas, finalidades e tarefas a serem implementados pelo Estado, ou que contêm determinadas imposições de maior ou menor concretude dirigidas ao legislador.

Uma norma programática, assim, é uma exigência constitucional para que se realize determinado fim ou meta, o que é uma característica comum do Estado Democrático de Direito, que busca salvaguardar direitos e garantias contra maiorias eventuais (STRECK, 2011). Sua aplicabilidade, contudo, fica a cargo de complementação normativa e das possibilidades orçamentárias do Estado (SILVA, 2008a).

Essas possibilidades orçamentárias, que serão mais bem debatidas no capítulo que se segue, são geralmente associadas à realidade de que os direitos têm custos[29] (CIARLINI, 2013), e que no que tange aos direitos sociais, esses custos correspondem à necessidade de a Administração fazer escolhas alocativas, o que limitaria o grau de realização do princípio.

Não há, todavia que se duvidar de sua juridicidade, pois, "O simples fato de serem inscritas nela [Constituição] atribui-lhes natureza de normas fundamentais essenciais, e não se pode olvidar de sua juridicidade, nem de seu valor normativo" (SILVA, 2008a, p. 79). Assim, há que se observar que independente da possibilidade de sua plena eficácia, tais normas possuem certa imperatividade, pois permanecem sendo limites ao legislador, metas para o executivo e fundamento para decisões judiciais constitucionalmente adequadas (MENDES; BRANCO, 2014).

Do exposto, o direito à saúde se compõe, no campo de sua aplicabilidade, em norma de eficácia limitada e de natureza programática. É nesta seara que reside a dificuldade em consagrá-lo como direito plenamente subjetivo, vez que estaria condicionado a recursos estatais e disposições normativas infraconstitucionais.

A dúvida que paira sobre a classificação da saúde como direito fundamental de natureza programática, assim, diz respeito ao limiar entre o que já foi concretizado, e, portanto, se revelaria como direito subjetivo; o que ainda é programa, não podendo ser exigido do Estado e, até mesmo, naquilo que ainda não foi concretizado, mas que é considerado como fundamental a uma existência digna, devendo ser prestado independente de conformação legislativa.

É nesse ponto que a atuação da jurisdição constitucional passa a ser o caminho para a discussão da querela já exposta no primeiro capítulo: até que ponto o judiciário pode se imiscuir na realização de políticas públicas de saúde sem ferir a separação dos poderes e sem possuir a mesma legitimidade democrática do legislativo e do executivo? A fim de criar mais contornos que possibilitem essa discussão, cumpre verificar a tessitura normativa da saúde no ordenamento jurídico de *terrae brasilis*.

3.3 A saúde na Constituição Federal de 1988

O direito à saúde se encontra inicialmente insculpido ao artigo 6º da Carta Maior, que cuida de relacionar uma série de direitos sociais. Topograficamente, se subjaz ao Título II – Dos direitos e garantias fundamentais,

---

29 A par disso, Holmes e Sunstein (2015) concluem que os direitos dos cidadãos não são de origem divina ou natural, são *construídos*, e que, assim, a sua proteção e efetivação dependem do Estado (Democrático) que, por sua vez, exige da sociedade o pagamento de tributos. Sobre os aspectos imanentes aos custos e ao dever de a sociedade pagar tributos, exsurge a ideia de *dever fundamental*, que deve ser compreendida como uma gama de deveres jurídicos, e não morais, que gravitam ao lado dos direitos fundamentais, servindo de limites a alguns direitos específicos (NABAIS, 2015). Por exemplo, não há propriedade sem imposto (HOLMES; SUNSTEIN, 2015).

Capítulo II – Dos Direitos Sociais, donde explicita a sua colocação como direito fundamental a ser perseguido pelo Estado.

Outrossim, recebe seção própria no Título VIII – Da ordem social, no capítulo II, concernente a seguridade social, a partir do artigo 196 do Diploma Constitucional. Tal seção cuida de expor, de forma clara, a abrangência do direito à saúde no âmago da Carta:

> Art. 196. A saúde é direito de todos e dever do Estado, garantido mediante políticas sociais e econômicas que visem à redução do risco de doença e de outros agravos e ao acesso universal e igualitário às ações e serviços para sua promoção, proteção e recuperação.

Nota-se, inicialmente, que se trata de direito que deve ser estendido a todos e assegurado pelo Estado. Para Mendes e Branco (2014, p. 643), "É possível identificar na redação do artigo constitucional tanto um direito individual quanto um direito coletivo de proteção à saúde". Nesse sentido a expressão "todos", diz respeito não apenas à coletividade, mas também a cada indivíduo isoladamente, reconhecendo, assim, um caráter subjetivo ao direito à saúde.

A ideia de tratar-se de dever do Estado, por outro lado, deixa clara a opção do constituinte em tornar a saúde serviço público (MENDES; BRANCO, 2014) que deve ser fornecido pela Administração Pública – nesse caso compreendidas as esferas municipal, estadual e a União, por força do artigo 23, inciso II que relega competência concorrente a esses entes para "cuidar da saúde pública".

Contudo, como bem o lembram Dallari e Nunes Jr. (2010, p. 70), não se trata de mera responsabilidade de prestar o serviço de saúde, mas também "[...] a sua regulamentação, fiscalização e controle, nos termos do art. 197 da Lei maior", vez que pode ser o serviço prestado pelo Estado ou por particular.

Do enunciado do artigo 196 da CF/88, ainda deve ser destacado que cuidou o legislador de dispor que o acesso à saúde seria universal e igualitário. Ficam, nesse sentido, estabelecidos dois princípios que norteiam a saúde pública: a universalidade e a igualdade.

A universalidade, como aqui já restou assentado, é vinculada à restrição outrora realizada pelo Estado, pela prestação da saúde apenas aos trabalhadores. Buscou-se, nesse sentido, estabelecer que "qualquer ser humano – só por sê-lo – deve ter acesso a esses serviços de atenção" (DALLARI; NUNES JR., 2010, p. 73), retirando, assim, qualquer espécie de discriminação. Ainda nessa linha, Pivetta (2014, p. 169), ressalta, no entanto, que "[...] a forma de aceder às prestações do SUS não precisa ser a mesma para todos os cidadãos", haja vista a previsão constitucional da isonomia. Nesses termos, embora universal, pode o sistema estabelecer linhas de cuidados e diferenciações nos modelos de acesso, situação que não ofende o Diploma Constitucional.

A igualdade, por sua vez, não se difere da estampada no *caput* do artigo 5º da Constituição e também, como bem o lembram Dallari e Nunes Jr. (2010), no artigo 19, inciso III da Carta Maior, que veda aos entes federativos estabelecer "distinções entre brasileiros ou preferências entre si". A ressalva, mais uma vez, fica a cargo da equidade e da isonomia, de tal forma que desiguais exigem tratamentos desiguais (SARLET; FIGUEIREDO, n. d.).

O artigo 198 do Diploma Constitucional, por sua vez, deixa claro que a saúde será exercida de forma regionalizada e por sistema único (*caput*), sendo devida a participação da comunidade (inciso III) e tendo o atendimento caráter integral (inciso II). Ademais, cuida o parágrafo primeiro de deixar expresso que as verbas destinadas à saúde serão extraídas de "recursos do orçamento da seguridade social, da União, dos Estados, do Distrito Federal e dos Municípios, além de outras fontes", ressaltando a responsabilidade coletiva desses entes federativos. Tal parágrafo ainda fixa o mínimo de 15% do orçamento para o custeio desse serviço pela União, deixando o constituinte claro, nesses termos, que pretendia vincular um orçamento mínimo para sua prestação.

Do presente artigo, a doutrina colaciona outros dois princípios que seriam inerentes a saúde: a integralidade e a regionalização. O primeiro estabelecendo que "o dever do Estado não pode ser limitado, mitigado ou dividido, pois a saúde [...] pressupõe uma abordagem assistencial completa, vale dizer, integral, envolvendo todos os aspectos a ela relacionados" (DALLARI; NUNES JR., 2010, p. 75). Nesse sentido, entende a doutrina que todas as prestações necessárias e suficientes para uma boa condição de saúde devem ser abarcadas entre os serviços prestados pela Administração, sejam eles de caráter preventivo ou curativo.

A lei 8.080/1990, em especial atenção a questão, buscou delimitar bem o conteúdo do princípio ao estabelecer a integralidade como um "conjunto articulado e contínuo das ações e serviços preventivos e curativos, individuais e coletivos, exigidos para cada caso em todos os níveis de complexidade do sistema" (art. 7º), denotando, uma vez mais, o aspecto amplo que se reveste o princípio.

A regionalização, por sua vez, diz com a estrutura de saúde que deve ser construída para que todos os indivíduos tenham acesso ao serviço. Tal como intenta Pivetta (2014, p. 132): "realça a valorização da esfera local como unidade privilegiada das políticas públicas sanitárias" e, para além disso, que haja certo direcionamento comum entre as Unidades da Federação quanto a execução dos serviços de saúde, com atribuições específicas a cada uma delas. Para Mendes e Branco (2014, p. 645) essa seria, na visão do constituinte, a "forma de melhor concretizar esse direito social", atribuindo um caráter de rede ao sistema da saúde.

Outrossim, dispõe o artigo 200 da Lei Maior que tal sistema único de saúde deve assumir diversas competências além da prestação do atendimento médico-hospitalar, dentre as quais executar políticas sanitárias e epidemiológicas (inciso II), "[...] participar da produção de medicamentos, equipamentos, imunobiológicos, hemoderivados e outros insumos" (inciso I), contribuir para o "desenvolvimento científico e tecnológico e a inovação" na área da saúde (inciso IV), e até mesmo, "colaborar na proteção do meio ambiente, nele compreendido o do trabalho" (inciso VIII), dando amplitude salutar à competência sanitária. Tal rol de competências e garantias precisava, pois, de extensa regulamentação pelo constituinte derivado.

Assim, para fins de regulação da matéria disposta no texto constitucional, foi editada a lei 8.080/1990 que "Dispõe sobre as condições para a promoção, proteção e recuperação da saúde, a organização e o funcionamento dos serviços correspondentes e dá outras providências". Trata-se, pois de norma matriz que regulamenta o Sistema Único de Saúde, o SUS.

Além de delimitar as competências de cada um dos entes federados e dar-lhes outras atribuições comuns (artigos 16, 17 e 18), definir as diretrizes que norteiam o SUS (art. 7º), e delimitar a organização e gestão dos serviços (art. 8º), a Lei 8.080/90 estabeleceu a necessidade de criação de Protocolos Clínicos e Diretrizes Terapêuticas – PDCT, que serviriam, nos termos do art. 19-M como norteadores da aplicação integral da saúde.

O próprio regramento cuida de conceituar o PDCT:

> Art. 19-N. Para os efeitos do disposto no art. 19-M, são adotadas as seguintes definições:
> [...]
> II - protocolo clínico e diretriz terapêutica: documento que estabelece critérios para o diagnóstico da doença ou do agravo à saúde; o tratamento preconizado, com os medicamentos e demais produtos apropriados, quando couber; as posologias recomendadas; os mecanismos de controle clínico; e o acompanhamento e a verificação dos resultados terapêuticos, a serem seguidos pelos gestores do SUS.

Nesses termos, há que se consignar que "os protocolos clínicos e diretrizes terapêuticas, portanto, delimitam o conteúdo do direito à saúde" (PIVETTA, 2014, p. 150), pelo menos no que tange a sua abrangência normativa, vez que "a partir deles são estruturadas as ações e serviços de saúde a serem ofertados à população com financiamento do Poder Público" (PIVETTA, 2014, p. 149).

Em síntese: cuidam os PCDT's de elencar toda a linha de cuidado necessária a determinada patologia, relacionando todos os procedimentos, materiais e medicamentos que o SUS disponibilizará para sua atuação preventiva e curativa e, portanto, aos quais se responsabiliza – civil e penalmente – a prestar à população. Para definição desses procedimentos, assim, há que ser realizado rigoroso estudo pela Comissão de Incorporação de Tecnologias do SUS (art. 19-Q), buscando a máxima certeza e segurança quanto ao produto final entregue ao consumidor.

Observa-se, assim, que com a estrutura desenvolvida pela Constituição, reforçada pela extensa regulamentação que foi realizada no setor, o problema da concretização da saúde não pode ser avaliado sob o viés da eficácia limitada, mas sim, através da análise do conteúdo e da extensão desses direitos, o que retira o debate da seara legislativa e o desloca para o Judiciário.

É dizer, uma vez desenvolvida ampla regulamentação, a maior gama das tutelas de saúde não vai exigir a complementação legislativa, mas sim, o desejo de ser reconhecida como direito subjetivo a prestação, ocasião em que o magistrado deverá decidir, calcado em determinado paradigma (substancial ou procedimental) se analisa ou não a extensão e a aplicabilidade desse direito, redundando em maior ou menor interferência do Judiciário nos demais poderes.

3.4 judicialização e ativismo

Do exposto até o momento podemos chegar a três importantes conclusões: i) no Estado Democrático de Direito verifica-se um deslocamento entre os poderes Legislativo e Executivo em direção aos tribunais, ii) nos países de modernidade tardia, tal deslocamento é agravado pela falta de realização de direitos básicos, suscitando a necessidade de manifestação do Judiciário quanto a extensão e possibilidade de concretização de um direito, e iii) a saúde no Brasil, nos moldes de sua composição histórica, ascende a Constituição de 1988 já com enorme *déficit* social, o que vai culminar em uma demanda reprimida que buscará resposta junto ao Judiciário.

Nesse ponto dois debates são cruciais: o que se entende e como se realiza no Brasil o ativismo judicial e a judicialização da política – aqui, com foco no direito à saúde; e, por outro lado, se assiste, *ipso facto*, à jurisdição a legitimidade para a realização desse tipo de postura.

Uma vez confrontado com tais demandas, "cabe ao judiciário verificar se a não prestação do atendimento à saúde decorre de omissão legislativa ou administrativa, considerada inconstitucional, buscando critérios razoáveis na concretização do direito fundamental social" (CAMBI, 2009, p. 440).

Ocorre, que uma vez declarando uma omissão como inconstitucional, pode o judiciário determinar a realização do direito e, desse modo, imiscuir-se em política que seria propriamente legislativa ou executiva. O juiz, assim, deixaria de ser neutro para tomar uma postura propriamente política (COURA, 2009).

É nesse sentido que Barroso (2008, p. 2) compreende que o fenômeno da Judicialização: "[...] significa que algumas questões de larga repercussão política e social estão sendo decididas por órgãos do Poder Judiciário, e não pelas instâncias tradicionais: o Congresso Nacional e o Poder Executivo". E complementa: "[...] envolve uma transferência de poder para os juízes e tribunais".

O autor elenca três situações que têm propiciado o aumento desse fenômeno no Brasil, mormente o modelo adotado pelo constituinte com a redemocratização realizada em 1988; a constitucionalização dos direitos que trouxe para Carta Magna inúmeras matérias que eram relegadas ao constituinte derivado e infraconstitucional e o sistema brasileiro de controle de constitucionalidade (BARROSO, 2008). Nesses termos, a judicialização seria uma consequência natural do modelo neoconstitucionalista adotado pelo Brasil. Nas palavras de Streck (2014, p. 121): "[...] a judicialização é inevitável".

Em contrapartida, o ativismo judicial "é uma atitude, a escolha de um modo específico e proativo de interpretar a Constituição, expandindo o seu sentido e alcance" (BARROSO, 2008, p. 4)[30]. Trata-se, portanto, de retirar do texto constitucional normatização que não lhe é expressa, mas que em tese pode ser deduzida de seus princípios e fundamentos.

Barroso (2008, p. 4), nesse viés elenca posturas que podem ser consideradas manifestamente ativistas:

> (i) a aplicação direta da constituição a situações não expressamente contempladas em seu texto e independentemente de manifestação do legislador ordinário; (ii) a declaração de inconstitucionalidade de atos normativos emanados do legislador, com base em critérios menos rígidos que os de patente e ostensiva violação da Constituição; (iii) a imposição de condutas ou de abstenções ao poder público, notadamente em matéria de políticas públicas.

Há que se observar, assim, que há uma preocupação, por parte da doutrina, em diferenciar a judicialização do ativismo judicial. O primeiro seria, assim, um movimento normal de deslocamento para o Judiciário de diferentes situações da vida. Significa, diretamente, que este poder é chamado a intervir em um número cada vez maior de demandas, incluindo aquelas que originalmente seriam prestadas pelo Legislativo[31] e pelo Executivo. O ativismo, por sua vez, elenca uma

---

30   Inadvertidamente, o autor retoma o positivismo normativista (de Kelsen) haja vista que a ideia de escolha e expansão de sentidos não mais é do que o *ato de vontade* de que Kelsen trata no capítulo VIII de sua obra Teoria Pura do Direito. Assim, Ato de vontade, como a própria nomenclatura sugere, consiste naquilo que em que autoridade definir como norma. Assim preleciona Kelsen (2006, p. 393): "Na medida em que, na aplicação da lei, para além da necessária fixação da moldura dentro da qual se tem de manter o ato a pôr, possa ter ainda lugar uma atividade cognoscitiva do órgão aplicador do Direito, não se tratará de um conhecimento do Direito positivo, mas de outras normas que, aqui, no processo da criação jurídica, podem ter a sua incidência: normas de Moral, normas de Justiça, juízos de valor sociais que costumamos designar por expressões correntes como bem comum, interesse do Estado, progresso, etc. Do ponto de vista do Direito positivo nada pode se dizer sobre a sua validade e verificabilidade. Deste ponto de vista, todas as determinações desta espécie apenas podem ser caracterizadas negativamente: são determinações que não resultam o próprio Direito positivo. Relativamente a este, a produção do ato jurídico dentro da moldura da norma jurídica aplicanda é livre, isto é, realiza-se segundo a livre apreciação do órgão chamado a produzir o ato".

31   "Só faz sentido falar em 'judicialização da política' ou em 'ativismo judicial' tendo por padrão uma teoria normativa da política que se apoia em uma concepção bastante particular da separação de poderes em um estado de

postura proativa. Trata-se de "[...] uma participação ampla e intensa do judiciário na concretização de valores constitucionais, com maior interferência no espaço de atuação dos outros dois Poderes" (BARROSO, 2008, p. 4)

No que tange a saúde, é possível verificar um dimensionamento de ambos os fenômenos. Assim, segundo pesquisa realizada em 2015, estimam-se em torno de 393 (trezentos e noventa e três) mil processos tramitando tendo por escopo prestações de saúde, sendo que os gastos com as demandas judiciais na área aumentaram 374% (trezentos e setenta e quatro) nos últimos quatro anos, alcançando um total de 871 (oitocentos e setenta e um) milhões de reais investidos no cumprimento de sentenças judiciais somente no ano de 2014, além de um acréscimo de 114 novos procedimentos e medicamentos incorporados à lista do SUS (CANCIAN, 2015).

Se de um lado a vertente da judicialização parece advir do próprio histórico da saúde, que apesar de ser positivada como integral, acedeu como estrutura precária ao Estado Democrático de Direito relegando várias ações quanto aos procedimentos já positivados pelo Estado, o ativismo, por sua vez, se releva no aumento constante de medicamentos e procedimentos não previstos na lista do SUS e que, por via judicial, passaram a integrar essa lista, fugindo do procedimento para implantação de Protocolos e Diretrizes Terapêuticas estabelecidos pela legislação a serem seguidos pelo Executivo.

Há que se observar, ainda, que falar em uma jurisdição constitucional é falar não apenas em controle concentrado (STF), mas, também, em controle difuso (que pode ser realizado por qualquer juiz), pelo que se assenta a necessidade de visualizar não apenas o macro, mas também o micro. Nesse sentido, lembra Streck (2014, p. 291) que: "Em São Paulo, por exemplo, os gastos da Secretaria Estadual de Saúde com medicamentos por conta de condenações judiciais em 2011 chegaram a R$ 515 milhões, quase 90 milhões gastos além do orçamento do ano destinado a medicamentos". Segundo as avaliações do autor, vários Estados acabam por ultrapassar seus orçamentos em saúde somente no cumprimento de decisões judiciais.

A discussão que se segue, diz respeito aos limites desse ativismo e dessa judicialização. Pode o Judiciário se imiscuir nas políticas de saúde a ponto de ocupar todo o orçamento do Executivo para esse fim? Quais os limites para atuação do Judiciário na concretização do direito à saúde no Brasil? O capítulo seguinte procura, nesse sentido, verificar em que termos vêm sendo construída uma teoria da decisão da saúde no Brasil.

---

direito. Dessa perspectiva, embora aparentem ser ideias bastante diferentes entre si, "judicialização da política" e "ativismo judicial" são como lado de uma mesma moeda, de um mesmo processo visto ora da perspectiva da política que seria "invadida" pela lógica judicial, ora pela perspectiva do próprio "invasor". Nesse caso, a ligação entre os dois momentos está posta em uma visão em que o Legislativo deve ser o centro vivo de um estado democrático de direito, tanto a sede por excelência da política seu real ativista (RODRIGUEZ, 2013, p. 183)".

4 O SUPREMO TRIBUNAL FEDERAL E A TUTELA DA SAÚDE NO BRASIL

Depois de analisar os paradigmas que discutem a jurisdição constitucional – mormente o procedimentalismo e o substancialismo – e discutir sobre que bases está alicerçado o direito à saúde no ordenamento jurídico pátrio, passa-se a verificação de como esse direito vem sendo tutelado no âmbito do Judiciário, e sobre que bases é construída a fundamentação que nega ou concede direitos à saúde no Brasil.

Inicialmente, há que se apontar, com Ciarlini (2013, p. 39) que a posição dos tribunais superiores brasileiros, mormente o Superior Tribunal de Justiça – STJ e o Supremo Tribunal Federal – STF, "[...] é no sentido de que as normas constitucionais garantidoras do direito à saúde tem aplicabilidade imediata, à vista da preponderância do direito à vida e da fundamentalidade das pretensões de saúde".

Contudo, observa-se, ainda, a incidência de duas posturas:

> A primeira delas é essencialmente substancialista, no sentido de realização do Estado do Bem Estar, inclusive com a imposição pelo Poder Judiciário de obrigações de atendimento ao direito social à saúde numa perspectiva individual. A outra tende a dar ênfase à realização de políticas públicas pelo Poder Executivo, em virtude de seu maior alcance quanto aos destinatários, em detrimento da possibilidade de concretização de direitos subjetivos individuais prestacionais (CIARLINI, 2013, p. 54).

Exemplo dessa primeira postura, essencialmente substancialista, diz respeito ao Agravo Regimental no Recurso Extraordinário – AgRE 827.997 do Rio de Janeiro[32] de relatoria do Ministro Celso de Mello datado de 22 de setembro de 2014.

---

32 PACIENTE COM ANEMIA FALCIFORME E NEFROPATIA CRÔNICA. PESSOA DESTITUÍDA DE RECURSOS FINANCEIROS. DIREITO À VIDA E À SAÚDE. NECESSIDADE IMPERIOSA DE SE PRESERVAR, POR RAZÕES DE CARÁTER ÉTICO-JURÍDICO, A INTEGRIDADE DESSE DIREITO ESSENCIAL.FORNECIMENTO GRATUITO DE MEIOS INDISPENSÁVEIS AO TRATAMENTO E À PRESERVAÇÃO DA SAÚDE DE PESSOAS CARENTES. DEVER CONSTITUCIONAL DO ESTADO (CF, ARTS. 5º, "CAPUT", E 196). PRECEDENTES (STF). RE CONHECIDO E PROVIDO. Reconsidero a decisão ora agravada, restando prejudicado, em consequência, o exame do recurso contra ela interposto. Passo, desse modo, a apreciar este apelo extremo. [...] Tal como pude enfatizar, em decisão por mim proferida no exercício da Presidência do Supremo Tribunal Federal, em contexto assemelhado ao da presente causa (Pet 1.246-MC/SC), **entre proteger a inviolabilidade do direito à vida e à saúde, que se qualifica como direito subjetivo inalienável assegurado a todos pela própria Constituição da República (art. 5º, "caput", e art. 196), ou fazer prevalecer, contra essa prerrogativa fundamental, um interesse financeiro e secundário do Estado, entendo uma vez configurado esse dilema que razões de ordem ético-jurídica impõem ao julgador uma só e possível opção: aquela que privilegia o respeito indeclinável à vida e à saúde humanas.** Cumpre não perder de perspectiva que o direito público subjetivo à saúde representa prerrogativa

No caso em epígrafe, a decisão da Egrégia Corte reformou decisão dada pelo Tribunal de Justiça do Estado do Rio de Janeiro que negava prestação de transporte gratuito a paciente portadora de esquizofrenia paranoide e doença maníaco-depressiva crônica, com episódios de tentativa de suicídio, sob o argumento de "ausência de fonte de custeio" para o serviço.

Entendeu o ministro que o oferecimento do transporte gratuito à paciente era meio indispensável para realização de seu tratamento, vez que não possuía

---

jurídica indisponível assegurada à generalidade das pessoas pela própria Constituição da República. Traduz bem jurídico constitucionalmente tutelado, por cuja integridade deve velar, de maneira responsável, o Poder Público, a quem incumbe formular – e implementar – políticas sociais e econômicas que visem a garantir, aos cidadãos, o acesso universal e igualitário à assistência médico-hospitalar. **O caráter programático da regra inscrita no art. 196 da Carta Política que tem por destinatários todos os entes políticos que compõem, no plano institucional, a organização federativa do Estado brasileiro** (JOSÉ CRETELLA JÚNIOR, "Comentários à Constituição de 1988", vol. VIII/4332-4334, item n. 181, 1993, Forense Universitária) **não pode converter-se em promessa constitucional inconsequente, sob pena de o Poder Público, fraudando justas expectativas nele depositadas pela coletividade,substituir, de maneira ilegítima, o cumprimento de seu impostergável dever, por um gesto irresponsável de infidelidade governamental ao que determina a própria Lei Fundamental do Estado.** Nesse contexto, incide, sobre o Poder Público, a gravíssima obrigação de tornar efetivas as prestações de saúde, incumbindo-lhe promover, em favor das pessoas e das comunidades, medidas – preventivas e de recuperação –, que, fundadas em políticas públicas idôneas, tenham por finalidade viabilizar e dar concreção ao que prescreve, em seu art. 196, a Constituição da República. O sentido de fundamentalidade do direito à saúde que representa, no contexto da evolução histórica dos direitos básicos da pessoa humana, uma das expressões mais relevantes das liberdades reais ou concretas impõe ao Poder Público um dever de prestação positiva que somente se terá por cumprido, pelas instâncias governamentais, quando estas adotarem providências destinadas a promover, em plenitude, a satisfação efetiva da determinação ordenada pelo texto constitucional. Ve-se, desse modo, que, mais do que a simples positivação dos direitos sociais – que traduz estágio necessário ao processo de sua afirmação constitucional e que atua como pressuposto indispensável à sua eficácia jurídica (JOSÉ AFONSO DA SILVA, "Poder Constituinte e Poder Popular", p. 199, itens ns. 20/21, 2000, Malheiros) –, recai, sobre o Estado, inafastável vínculo institucional consistente em conferir real efetividade a tais prerrogativas básicas, em ordem a permitir, às pessoas, nos casos de injustificável inadimplemento da obrigação estatal, que tenham elas acesso a um sistema organizado de garantias instrumentalmente vinculado à realização, por parte das entidades governamentais, da tarefa que lhes impôs a própria Constituição. **Não basta, portanto, que o Estado meramente proclame o reconhecimento formal de um direito. Torna-se essencial que, para além da simples declaração constitucional desse direito, seja ele integralmente respeitado e plenamente garantido, especialmente naqueles casos em que o direito – como o direito à saúde – se qualifica como prerrogativa jurídica de que decorre o poder do cidadão de exigir, do Estado, a implementação de prestações positivas impostas pelo próprio ordenamento constitucional.** Cumpre assinalar, finalmente, que a essencialidade do direito à saúde fez com que o legislador constituinte qualificasse, como prestações de relevância pública, as ações e serviços de saúde (CF, art. 197), em ordem a legitimar a atuação do Ministério Público e do Poder Judiciário naquelas hipóteses em que os órgãos estatais, anomalamente, deixassem de respeitar o mandamento constitucional, frustrando-lhe, arbitrariamente, a eficácia jurídico-social, seja por intolerável omissão, seja por qualquer outra inaceitável modalidade de comportamento governamental desviante. Todas essas considerações – que ressaltam o caráter censurável da decisão emanada do E. Tribunal de Justiça do Estado do Rio de Janeiro – levam-me a acolher a pretensão recursal deduzida pela parte recorrente, especialmente se se considerar a relevantíssima circunstância de que o acórdão ora questionado diverge da orientação jurisprudencial firmada no âmbito do Supremo Tribunal Federal, no exame da matéria (RTJ 171/326- -327, Rel. Min. ILMAR GALVÃO – RE 195.192/RS, Rel. Min. MARCO AURÉLIO –RE 198.263/RS, Rel. Min. SYDNEY SANCHES – RE 237.367/RS, Rel. Min. MAURÍCIO CORRÊA – RE 242.859/RS, Rel. Min. ILMAR GALVÃO – RE 246.242/RS, Rel. Min. NÉRI DA SILVEIRA – RE 279.519/RS, Rel. Min. NELSON JOBIM, v.g) [...] (grifos nossos).

condições financeiras para realizá-lo *per si*. Assumindo posicionamento já reiterado em outros casos, como o RE 393.175/RS de 01/02/2006, RE 722.600/RS de 19/03/2013 e 767.347/RS de 04/10/2013; afirmou a máxima segundo a qual "A interpretação da norma programática não pode transformá-la em promessa constitucional inconseqüente", advogando que o reconhecimento formal de um direito é insuficiente, havendo a necessidade de protegê-lo e garanti-lo.

Trata-se, pois, nos termos até aqui expostos, de decisão essencialmente substancialista e de caráter ativista, vez que, se por um lado buscou analisar a essência do direito saúde (substancialismo), também culminou por retirar do texto constitucional obrigação que dele, explicitamente, não se contém, impondo condutas à Administração Pública (atitude compatível com o ativismo judicial).

Há que se observar, assim, que o ministro deduziu do direito à saúde, um direito de *acesso* à saúde – através do transporte gratuito – fazendo clara interpretação do conteúdo do dispositivo constitucional, ainda que no contexto singular do caso em concreto. É dizer: cuidou de analisar a abrangência do direito, deduzindo dele prestação que não se encontra explícita em legislação e nem havia sido deferida pelo Executivo.

Exemplo da segunda postura assumida pelo Supremo Tribunal Federal é a Suspensão de Tutela Antecipada de nº 91 do Estado do Alagoas (STA 91/AL), de relatoria da Ministra Ellen Gracie, publicada em 5 de março de 2007[33].

---

33   1. O Estado do de Alagoas, com fundamento no art. 4º da Lei 8.437/92 e no art. 1.° da Lei 9.494/97, requer a suspensão da execução da tutela antecipada concedida na Ação Civil Pública n.° 001.06.014309-7 (fls. 27/47), que determinou àquele ente federado o fornecimento de medicamentos necessários para o tratamento de pacientes renais crônicos em hemodiálise e pacientes transplantados (fls. 23/26). O requerente sustenta, em síntese: a) cabimento do presente pedido de suspensão, visto que o Presidente do Tribunal de Justiça do Estado de Alagoas indeferiu o pedido de suspensão de tutela antecipada ajuizada perante aquela Corte estadual (fls. 88/94), negando seguimento ao agravo regimental intempestivamente interposto (fls. 110/112) e, posteriormente, ao próprio pedido de reconsideração (fls. 116/118); b) **ocorrência de grave lesão à economia pública, porquanto a liminar impugnada é genérica ao determinar que o Estado forneça todo e qualquer medicamento necessário ao tratamento dos transplantados renais e pacientes renais crônicos, impondo-lhe a entrega de "[...] medicamentos cujo fornecimento não compete ao Estado dentro do sistema que regulamenta o serviço, [...]"** (fl. 08). Nesse contexto, ressalta que ao Estado de Alagoas compete o fornecimento de medicamentos relacionados no Programa de Medicamentos Excepcionais e de alto custo, em conformidade com a Lei n.° 8.080/90 e pela Portaria n.° 1.318 do Ministério da Saúde. c) existência de grave lesão à ordem pública, vista aqui no âmbito da ordem jurídico-administrativa, porquanto o fornecimento de medicamentos, além daqueles relacionados na Portaria n.° 1.318 do Ministério da Saúde e sem o necessário cadastramento dos pacientes, inviabiliza a programação do Poder Público, o que compromete o adequado cumprimento do Programa de fornecimento de medicamentos excepcionais. 2. O Presidente do Superior Tribunal de Justiça, Ministro Barros Monteiro, ao afirmar que a causa de pedir, na ação ordinária, ostenta índole constitucional, porque envolve a interpretação e aplicação dos arts. 23, inc. II e 198, inc. I da Constituição Federal negou seguimento ao pedido e determinou o envio dos presentes autos ao Supremo Tribunal Federal (fls. 121/122). 3. A Procuradoria-Geral da República opinou pelo deferimento do pedido (fls. 128/134). 4. Inicialmente, reconheço que a controvérsia instaurada no mandado de segurança em apreço evidencia a existência de matéria constitucional: alegação **de ofensa aos arts. 23, inc. II e 198, inc. I da Constituição da República e aos princípios da dignidade da pessoa humana e da solidariedade**.

Neste acórdão paradigma, a ministra concluiu que a tutela antecipada que deferiu que o Estado prestasse todo e qualquer medicamento que se fizesse necessário a pacientes renais crônicos não poderia prosperar frente aos princípios da dignidade da pessoa humana e de grave lesão à economia pública.

Evidenciou em seu voto, ainda, que as decisões de saúde não podem considerar situações individuais, mas sim, toda a coletividade, vez que a saúde pública se norteia pela universalidade e pela igualdade. Concluiu que a prestação dos medicamentos, nos termos deferidos pela tutela antecipada, estaria "[...] diminuindo a possibilidade de serem oferecidos serviços de saúde básicos ao restante da coletividade".

Note-se, assim, que a decisão da ministra não pode ser interpretada em termos procedimentalistas, pois, apesar de creditar ao Executivo a execução das políticas de saúde devido ao seu maior alcance de destinatários – ao revés do julgado anterior – o faz por atender a uma análise material do princípio orçamentário

---

Dessa forma, cumpre ter presente que a Presidência do Supremo Tribunal Federal dispõe de competência para examinar questão cujo fundamento jurídico é de natureza constitucional (art. 297 do RISTF, c/c art. 25 da Lei 8.038/90), conforme firme jurisprudência desta Corte, destacando-se os seguintes julgados: Rcl 475/DF, rel. Ministro Octavio Gallotti, Plenário, DJ 22.4.1994; Rcl 497-AgR/RS, rel. Ministro Carlos Velloso, Plenário, DJ 06.4.2001; SS 2.187-AgR/SC, rel. Ministro Maurício Corrêa, DJ 21.10.2003; e SS 2.465/SC, rel. Min. Nelson Jobim, DJ 20.10.2004. 5. A Lei 8.437/92, em seu art. 4º, autoriza o deferimento do pedido de suspensão de execução de liminar para evitar grave lesão à ordem, à saúde, à segurança e à economia públicas. **Verifico estar devidamente configurada a lesão à ordem pública, considerada em termos de ordem administrativa, porquanto a execução de decisões como a ora impugnada afeta o já abalado sistema público de saúde.** Com efeito, a gestão da política nacional de saúde, que é feita de forma regionalizada, busca uma maior racionalização entre o custo e o benefício dos tratamentos que devem ser fornecidos gratuitamente, a fim de atingir o maior número possível de beneficiários. **Entendo que a norma do art. 196 da Constituição da República, que assegura o direito à saúde, refere-se, em princípio, à efetivação de políticas públicas que alcancem a população como um todo, assegurando-lhe acesso universal e igualitário, e não a situações individualizadas. A responsabilidade do Estado em fornecer os recursos necessários à reabilitação da saúde de seus cidadãos não pode vir a inviabilizar o sistema público de saúde. No presente caso, ao se conceder os efeitos da antecipação da tutela para determinar que o Estado forneça os medicamentos relacionados "[...] e outros medicamentos necessários para o tratamento [...]" (fl. 26) dos associados, está-se diminuindo a possibilidade de serem oferecidos serviços de saúde básicos ao restante da coletividade.** Ademais, a tutela concedida atinge, por sua amplitude, esferas de competência distintas, sem observar a repartição de atribuições decorrentes da descentralização do Sistema Único de Saúde, nos termos do art. 198 da Constituição Federal. Finalmente, verifico que o Estado de Alagoas não está se recusando a fornecer tratamento aos associados (fl. 59). É que, conforme asseverou em suas razões, finalmente, verifico que o Estado de Alagoas não está se recusando a fornecer tratamento aos associados (fl. 59). É que, conforme asseverou em suas razões, "[...] a ação contempla medicamentos que estão fora da Portaria n.° 1.318 e, portanto, não são da responsabilidade do Estado, mas do Município de Maceió, [...]" (fl. 07), razão pela qual seu pedido é para que se suspenda a "[...] execução da antecipação de tutela, no que se refere aos medicamentos não constantes na Portaria n.° 1.318 do Ministério da Saúde, ou subsidiariamente, restringindo a execução aos medicamentos especificamente indicados na inicial, [...]" (fl. 11). 6. Ante o exposto, defiro parcialmente o pedido para suspender a execução da antecipação de tutela, tão somente para limitar a responsabilidade da Secretaria Executiva de Saúde do Estado de Alagoas ao fornecimento dos medicamentos contemplados na Portaria n.° 1.318 do Ministério da Saúde. Comunique-se, com urgência. Publique-se. Brasília, 26 de fevereiro de 2007. Ministra Ellen Gracie Presidente 1 (STA 91, Relator(a): Min. PRESIDENTE, Decisão Proferida pelo(a) Ministro(a) ELLEN GRACIE, julgado em 26/02/2007, publicado em DJ 05/03/2007 PP-00023 RDDP n. 50, 2007, p. 165-167) (grifos nossos)

e não por entender que tais políticas devem ser discutidas pela população, com o estabelecimento dos procedimentos que assegurem essa discussão.

Cumpre afirmar, assim, que a discussão sobre o direito à saúde no Judiciário de *terrae brasilis* sempre se faz sob o aporte substancialista (CIARLINI, 2013), soçobrando apenas sob qual linha argumentativa se dará a análise do conteúdo do direito à saúde: pela prevalência da adoção de um conteúdo mínimo de prestação de saúde (tese do mínimo existencial), ou pelo entendimento de que as demandas de saúde não podem inviabilizar o próprio exercício da saúde (tese da reserva do financeiramente possível). Insta verificar mais detidamente cada uma dessas teses.

4.1 Mínimo existencial

A doutrina do mínimo existencial provém da jurisprudência alemã, a partir de 1975. Naquele país os direitos sociais não se encontravam positivados como direitos fundamentais do Estado, abrindo margem de debate para um mínimo vital (PIVETTA, 2014). Neste cenário, tal parcela era considerada um direito autônomo que "reconhece o dever estatal de respeitar um *mínimo vital* ao qual acedeu o indivíduo" (PIVETTA, 2014, p. 79).

Como lembra Cambi (2009, p. 391): "O ordenamento jurídico nacional, embora também possua parâmetros objetivos, não define, de modo exato o que deve compor o mínimo existencial, resultando o preenchimento de tal conceito da hermenêutica jurídica".

Contudo, o Pacto Internacional de Direitos Econômicos, Sociais e Culturais estabelece parâmetros que permitem balizá-lo. Nesse sentido, estabelece o artigo 11: "Os Estados membros do presente Pacto reconhecem o direito de toda pessoa a um nível de vida adequado para si próprio e para sua família, inclusive alimentação, vestimenta e moradia adequados, assim como a uma melhoria contínua de suas condições de vida". Assim, *lato sensu*, tal direito tem sido conceituado como um conjunto mínimo de garantias atinentes a cada indivíduo, que correspondem a prestações que efetivamente o Estado deve prestar.

Contudo, o que representa esse mínimo, e as prestações que nele estariam contidas, é o principal mote das discussões doutrinárias e jurisprudenciais (PIVETTA, 2014). Duas são as principais correntes: a da existência de um núcleo duro do direito fundamental e a de um núcleo flexível.

Para os adeptos da teoria do núcleo duro, ou simplesmente da teoria absoluta, o mínimo existencial seria o núcleo que "independentemente de qualquer situação concreta, estaria a salvo de eventual decisão legislativa" (MENDES; BRANCO, 2014, p. 212). Não necessitaria, pois, de intervenção do constituinte derivado para poder ser exigido judicialmente, revelando-se em verdadeiro direito subjetivo.

Já para os adeptos da teoria relativa, ou do núcleo flexível, o mínimo existencial há que ser definido "para cada caso, tendo em vista o objetivo perseguido pela norma de caráter restritivo" (MENDES; BRANCO, 2014, p. 213). Segundo Pivetta (2014, p. 80) esse grupo credita que "o conteúdo específico do mínimo existencial não poderia ser definido de maneira apriorística, reclamando, para tanto, a investigação fática e das necessidades da pessoa que exige a tutela".

Há que se arguir, nesse contexto, que a definição de um núcleo mínimo para a saúde, padece de especial dificuldade, por se tratar de princípio umbilicalmente ligado a dignidade da pessoa humana e estar vinculado à vida. Como aduz Sarlet (2007, p. 346):

> Cumpre relembrar, mais uma vez que a denegação de serviços essenciais de saúde acaba – como sói acontecer – por equiparar a uma pena de morte alguém cujo o único crime foi o de não ter condições de obter com os próprios recursos o atendimento necessário, tudo isso habitualmente, sem qualquer processo, e , na maioria das vezes, sem possibilidade de defesa, isto sem falar na virtual ausência de responsabilização dos algozes, abrigados pelos anonimato dos poderes públicos.

Tal generalização, no sentido de oposição do direito à saúde ao direito à vida, contudo, não torna claro que posições podem ser exigidas por parte do Estado através de um direito público subjetivo à saúde. Como bem se posiciona Barcellos (2008, p. 308):

> Veja-se: se o critério para definir o que é exigível do Estado em matéria de prestações de saúde for a necessidade de evitar a morte ou a dor ou o sofrimento físico, simplesmente não será possível definir coisa alguma. Praticamente toda e qualquer prestação de saúde poderá enquadrar-se nesse critério, pois é exatamente para tentar evitar a morte, a dor ou o sofrimento que elas foram desenvolvidas.

Por isso, entende a autora a necessidade de determinação de um núcleo duro do direito à saúde, ao qual estaria albergada a saúde básica. Nesse sentido, qualquer prestação que ultrapasse essa garantia mínima não poderia ser exigida judicialmente, estando relegada ao plano das políticas públicas e do legislador.

A principal motivação para tanto, estaria na falta de legitimidade do judiciário para esse *mister*: "O juiz não possui mandato popular e, ao efetivar direitos fundamentais, ou até ao controlar políticas públicas, deve se preocupar, como se tem reiterado, com a legitimidade social do exercício da jurisdição"[34] (BARCELLOS, 2008, p. 342).

---

34   A tese alhures é demasiadamente perigosa. Ao admitir uma possível legitimação social por exercício da função, pode-se incorrer em uma vertente utilitarista e/ou consequencialista que soçobram o direito já

Sua posição, contudo, é minoritária. A maior parte da doutrina pátria ressalta a importância de uma análise flexível do conteúdo mínimo desse direito fundamental, que deverá ser definido na situação em concreto, através de um exercício de ponderação (nota essa que deixa clara a adoção quase irrestrita da Jurisprudência dos Valores de Robert Alexy) (DUARTE, 2012).

Não por acaso, Pivetta (2014, p. 83) vai afirmar que a definição abstrata de um direito fundamental "apenas pode ser realizada *prima facie*, de modo que sua prevalência no caso concreto estará sujeito ao sopesamento diante das circunstâncias fáticas e jurídicas", fazendo referência direta à teoria do alemão.

4.2 Reserva do possível e custos dos direitos

Em contraposição ao estabelecimento de um mínimo vital, ergue-se a reserva do possível. Isso porque, como destaca Cambi (2009, p. 381) não é suficiente: "[...] ter apenas vontade de efetivar a Constituição e de transformar a realidade. Tão importante quanto às boas intenções é a possibilidade do direito vir a ser concretizado em razão dos altos custos que gera ao Poder Público e a toda sociedade".

E a constatação mais objetiva é a de que os direitos sociais têm custos ao poder público, o que torna mais difícil a sua execução. Nessa linha, não se poderia exigir do Estado para além da razoabilidade de seus recursos financeiros, sob pena de solapar outros direitos e garantias. Na afirmação de Sarlet (2007, p. 372): "Negar que apenas se pode buscar algo onde este algo existe e desconsiderar que o Direito não tem o condão de - qual toque de Midas – gerar recursos materiais para sua realização fática, significa, de certa forma, fechar os olhos para os limites do real".

Assim, a reserva do possível: "procura identificar o fenômeno econômico da limitação dos recursos disponíveis diante das necessidades sempre infinitas a serem supridas na implementação dos direitos" (CAMBI, 2009, p. 382). Cuida-se, portanto, de verdadeira limitação do Estado em prestar direitos fundamentais que inviabilizaria a consecução de determinado direito como subjetivo na esfera jurisdicional.

Esse *mister* levanta três importantes discussões quanto à matéria: a primeira sob os custos dos direitos, a segunda sobre as escolhas trágicas que precisam ser realizadas pelo Legislativo e o Executivo, e em último, o fato de que tal matéria não poderia ser alegada frente ao mínimo existencial, haja vista a necessidade de preservação de um núcleo mínimo do direito.

---

instituídos. Seria, assim, uma perda da autonomia do Direito e sua funcionalidade. Irremediavelmente, seria o direito, portanto, uma simples teoria do poder (Cf. Streck).

No que tange a inarredável consideração de que os direitos sociais têm custos, reverberou à seara acadêmica os escritos de Cass Sustein e Holmes, segundo os quais todo direito possui um custo, seja ele um direito de liberdade ou um direito social (MENDES; BRANCO, 2014). Tal afirmação levaria a conclusão segundo a qual "todos os direitos são positivos, pois, para sua realização, é imprescindível, além da alocação de recursos, a efetiva concretização de ações estatais aptas à observância de sua eficácia" (CIARLINI, 2013, p. 32).

Nesse sentido, o argumento *ad misericordiam* segundo o qual os direitos sociais seriam desprovidos de eficácia devido a sua natureza prestacional – que impõe a necessidade de gastos pelo Poder Público – se esvazia em significado frente à observância que mesmo um direito tipicamente negativo, como a liberdade de expressão, por exemplo, precisa não apenas da não ingerência estatal, mas, também, de sua ação direta na remediação de qualquer ameaça que se faça a esse direito por meio de ações positivas (como o pedido de escolta ou reforço policial para garantir uma manifestação pacífica, por exemplo).

Assim, como bem o fomenta Pivetta (2014, p. 77): "É o dever que corresponde ao direito que pode ou não ser custoso". O que significa expressar que, *per si*, tais direitos não podem ser considerados *prima facie* como custosos, estando o valor ligado ao imperativo categórico da norma (FERRAZ JR., 2011), ou seja, ao comando que ela manda executar.

É possível, nesse sentido, trazendo a baila o debate do próprio direito social à saúde, que sejam encontrados deveres que não culminam em custos para a administração – tal como o dever do Estado em respeitar a escolha do indivíduo ao tratamento de saúde que deverá realizar (PIVETTA, 2013) – e outros, e que por sua própria natureza os exijam, tais como as políticas de fiscalização sanitária, a realização de procedimentos médicos e a dispersão de medicamentos e ortéses, próteses e materiais especiais.

A primazia de Holmes e Cass Sustein, contudo, reside centralmente na abertura do diálogo que considera a "[...] existência de uma tensão entre a ocorrência de um *déficit* na efetividade dos direitos fundamentais, tendo em conta a *lei da escassez*, e as expectativas nutridas pelos sujeitos de direito [...]" (CIARLINI, 2013, p. 34), segunda situação que merece análise.

Tal afirmação leva a análise de que, sob o ponto de vista da economia, os bens são escassos e as necessidades humanas ilimitadas, o que aponta diretamente para a necessidade da realização do que a doutrina pontua como *escolhas trágicas*: "Isso porque decidir investir os recursos em determinada área significa, ao mesmo tempo, deixar de atender outras necessidades, ainda que a opção um campo específico não tenha sido consciente" (BARCELLOS, 2008, p. 264).

Por essa visão, em vista de seu orçamento, a Administração e mesmo o Legislativo, culminam por estabelecer metas e prioridades, que terminam por acatar determinadas prestações em detrimento de outras, considerando-se, sobretudo, que é impossível atender a todos os anseios sociais.

Como afirmou o ministro Gilmar Mendes à Suspensão de Tutela Antecipada 175 (STA 175) tais escolhas trágicas "seguiriam critérios de justiça distributiva (o quanto disponibilizar e a quem atender), configurando-se como típicas opções políticas [...] pautadas em critérios de macrojustiça". Por esse motivo o debate jurisdicional, denominado pelo ministro como de microjustiça, padeceria de falta de critérios para "[...] ao examinar determinada pretensão de um direito social, analisar as consequências globais da destinação dos recursos públicos em benefício da parte, com invariável prejuízo para o todo".

Tal afirmação converge com a judicialização e ativismos da saúde. Isso porque com o aumento da demanda judicial – como aqui restou apontado no tópico 2.4 – o valor das sentenças deferindo prestações de saúde chega, em alguns Estados, a exceder o teto máximo a ser aplicado na matéria, demonstrando que a microjustiça, nesta seara, pode solapar a macrojustiça. Por esse motivo Ciarlini (2013, p. 67) afirma:

> Sim, não se questiona que "todos têm direito à saúde e à vida", mas seria essa exatamente a questão ora em análise? Não estaria o problema, de fato, na possibilidade de afirmação desses direitos sociais sem que isso importe no desequilíbrio da frágil estrutura de uma sociedade democrática?

A terceira e última consideração quanto à reserva do possível, diz respeito a sua arguição frente ao mínimo vital. Nessa seara a doutrina majoritária credita que não há que se falar em prevalência da reserva do financeiramente possível frente ao núcleo mínimo de determinado direito (MENDES; BRANCO, 2014; SARLET, 2007; DUARTE; 2012; STRECK, 2014). Haveria, nesse sentido, uma preponderância do direito ao mínimo existencial, ainda que destituído de espaço normativo e dotação orçamentária.

Como bem assentou o Ministro Celso de Mello no Recurso Extraordinário que abriu este capítulo: "A interpretação da norma programática não pode transformá-la em promessa constitucional inconsequente", pelo que há que se assegurar, assim, sempre o mínimo existencial, ainda que frente aos parcos recursos estatais.

Na locução de Pivetta (2014, p. 78): "ainda que seja demandada uma prestação 'custosa', o seu deferimento (judicial ou administrativo) não deve levar em conta apenas a repercussão financeira de sua concretização". É dizer: o custo de um direito, *per si*, não pode ser adotado como motivo para que sua realização não seja propiciada pelo Estado.

Cambi (2009, p. 488), vai além: na leitura do autor, em países de modernidade tardia, como *terrae brasilis*, a reserva do possível "Deve servir de mecanismo de mitigação do ativismo judicial irresponsável, sem se transformar em obstáculo jurídico a realização dos direitos fundamentais sociais", criando assim uma função limitadora de arbitrariedades através da reserva.

Do exposto, três conclusões podem ser arguidas: i) a reserva do possível não pode ser alegada como característica própria dos direitos sociais, vez que ambos, direitos sociais e individuais, possuem custos que precisam ser despendidos pela Administração, estando o custo vinculado ao dever que se extrai da norma e não ao direito; ii) é dado a Administração a alocação de recursos na realização dos direitos fundamentais através de políticas próprias de macrojustiça, o que muitas vezes pode resultar no estabelecimento de escolhas trágicas, sendo que o judiciário, ao intervir na realização de políticas não definidas pela Administração ou pela lei, culmina em estabelecer critérios próprios e muitas vezes não universalizáveis; iii) a reserva do possível não pode ser utilizada como um limitador à realização do mínimo vital de um direito.

4.3 *Fuzzysmo* x sta 175

Da discussão que aqui se desenvolve quanto à tratativa do direito à saúde na jurisdição constitucional pátria, buscou-se demonstrar os principais argumentos que sustentam as teses de realização ou não de dada prestação. Observou-se, nesse sentido, que, *lato sensu*, o judiciário brasileiro devota postura substancialista a tratativa da matéria, procurando imiscuir-se nas questões relativas ao conteúdo do direito à saúde.

Num segundo momento, verificou-se que os argumentos que remontam o atendimento a determinada prestação se abarcam, em grande parte, na seara relativa ao estabelecimento de um mínimo existencial e do respeito a uma reserva do financeiramente possível.

Contudo, como também ficou expresso, não há critério objetivo ao estabelecimento do que seria relativo a um conteúdo mínimo, ficando a questão ao debate judicial e doutrinário. Nesse sentido, a fim de justificar uma dada prestação à saúde, amontoa-se uma verdadeira pletora de argumentos pouco, ou nada jurídicos, dando ensejo ao que Canotilho conceituou como efeito *fuzzy* (em português: vago, impreciso, indistinto) (CAMBI, 2009).

Nas palavras de Cambi (2009, p. 348): "[...] os operadores jurídicos, quando, debatem os direitos econômicos, sociais e culturais, muitas vezes, não sabem do estão falando". O *fuzzysmo*, como é retratado pela doutrina, leva, pois, a demonstração de que, no campo dos direitos sociais, muito pouco se sabe sobre esses direitos fora daquilo que se encontra expresso no texto constitucional.

No que tange ao direito à saúde, a situação toma contornos ainda mais graves, pois como bem lembra Pivetta (2014, p. 86): "o direito à saúde encontra-se amplamente determinado no ordenamento jurídico brasileiro, de modo que as restrições eventualmente oponíveis [...] possuem um reduzido campo de incidência". É dizer: ainda que classificada como de característica programática, a norma de direito à saúde não está carente de regulamentação, tendo seus contornos definidos em incontáveis leis e portarias, deixando uma margem quase irrisória para debate jurisdicional.

Outrossim, apesar dessa extensa margem de regulamentação, que conforme aludido no item 2.3 inclui a descrição terapêutica completa do diagnóstico ao tratamento de diversas patologias através dos Protocolos de Diretrizes Clínicas e Terapêuticas – PCDT, as decisões dos tribunais superiores e dos juízos singulares continuam afixadas no artigo 196 da Constituição Federal e no direito à vida e a dignidade da pessoa humana (CIARLINI, 2013). Ou, quando não, elencam critérios que fogem absolutamente ao direito.

Exemplo desse último caso foi o pedido de concessão de medicamentos para HIV, realizado na 7ª Vara da Fazenda Pública da Comarca de São Paulo (Autos nº 968/01), em que o juízo *a quo* negou antecipação de tutela em 28 de julho de 2001, com o seguinte fundamento:

> A Lei 9.313/96 assegura aos portadores de HIV e doentes de AIDS toda a medicação necessária a seu tratamento. Mas estabelece que os gestores do SUS deverão adquirir apenas os medicamentos que o Ministério da Saúde indicar para cada estado evolutivo da infecção ou da doença. Não há possibilidade de fornecimento de medicamentos que não tenham sido indicados pela autoridade federal. Por outro lado, não há fundado receio de dano irreparável ou de difícil reparação. **Todos somos mortais. Mais dia, menos dia, não sabemos quando, estaremos partindo, alguns, por seu mérito, para ver a face de Deus. Isto não pode ser tido por dano** (grifo nosso).

Há, pois, um agravamento desse *fuzzysmo* nas primeiras instâncias, chegando ao aporte da concessão de medicamentos para calvice e caspa[35], tudo atrelado à um suposto mínimo existencial para assegurar a dignidade da pessoa humana (STRECK, 2014).

No plano dos Tribunais superiores – STF e STJ – os ministros se limitam a literalidade do artigo 196, dando verdadeiro *status* de absolutismo ao direito à saúde no Brasil[36].

---

35 MEDICAMENTO - PSORIASE ANTECIPAÇÃO DA TUTELA - CABIMENTO - AGRAVO PROVIDO. "**Cabe a antecipação da tutela para que o poder público forneça medicamento para o tratamento de psoríase, pois cuidar da saúde é dever dos três entes estatais**, nos termos dos arts. 23, II, e 196, da Constituição Federal". (TJ-SP - AG: 7935035300 SP, Relator: Thales do Amaral, Data de Julgamento: 28/08/2008, 4ª Câmara de Direito Público, Data de Publicação: 11/09/2008)

36 Para NEVES (2013), exemplo do exposto é a STA 198/ MG, em que o ministro Gilmar Mendes, não considerou pedido de suspensão de tutela antecipada por entender que, embora o medicamento relacionado não estivesse dentro das medicações autorizadas pela ANVISA, o risco à vida do paciente justificaria uma concessão do direito. Alegava o Estado de Minas Gerais "O pedido de suspensão fundamenta-se, em síntese,

Tais decisões colocam em xeque a problemática da saúde, pois, deslocam a análise jurisdicional do campo da legalidade para a inconstitucionalidade de uma omissão Administrativa ou Legislativa. Ou seja, ao se ignorar a pletora de legislações e normatizações que circundam o sistema de saúde e que poderiam ser facilmente deferidas num juízo de legalidade, abre-se margem para a necessidade de discussão quanto à existência de omissão inconstitucional por parte do Poder Executivo ou do Poder Legislativo (PIVETTA, 2014).

Tendo em consideração o crescente aumento da judicialização da saúde, o Ministro Gilmar Mendes, ao julgar a Suspensão de Tutela Antecipada 175 – doravante STA 175 – realizou inúmeras audiências públicas com médicos, profissionais de saúde, gestores públicos, advocacia, defensoria, ministério público e magistratura. O objetivo era, frente à complexidade das demandas de saúde, estabelecer critérios que balizassem uma análise justa para a concessão das tutelas de saúde.

Na oportunidade, a União recorria de decisão proferida pelo ministro Gilmar Mendes que denegava a suspensão da tutela antecipada por entender não haver, no caso em epígrafe, grave lesão à ordem, à economia e à saúde pública na dispersão do medicamento Zavesca, que à época da interposição da ação não constava do rol de medicações autorizadas para comercialização no Brasil pela Agência Nacional de Vigilância Sanitária – ANVISA.

A conclusão inicial do ministro, depois de conduzidas as audiências públicas, foi que:

> [...] o problema talvez não seja de judicialização ou, em termos mais simples, de interferência do Poder Judiciário na criação e implementação de políticas públicas em matéria de saúde, pois o que ocorre, na quase totalidade dos casos, é apenas a determinação judicial do efetivo cumprimento de políticas públicas já existentes.

Constatou, pois, que a maior parte das matérias já se encontra disciplinada por regulamento infraconstitucional, carecendo apenas de efetivação. Assim, o primeiro passo a ser tomado pelo magistrado seria a verificação "da

---

em argumentos: de lesão à saúde e à segurança públicas, **uma vez que o medicamento é importado e não foi registrado na ANVISA, sendo proibida sua comercialização no país**; de grave lesão à economia pública diante do elevado custo anual do tratamento (aproximadamente R$ 2.600.000,00), da violação ao princípio da reserva do possível, da ingerência do Poder Judiciário no exercício das funções do Poder Executivo e da afronta ao planejamento orçamentário; e de possibilidade de ocorrência do denominado 'efeito multiplicador', em razão do crescimento de demandas judiciais contra a União para o fornecimento de medicamentos, comprometendo a viabilidade do Sistema Único de Saúde". Atesta o ministro: "Inocorrentes os pressupostos contidos no art. 4º da Lei nº 8.437/1992, verifico que **a ausência do medicamento solicitado poderá ocasionar graves e irreparáveis danos à saúde e à vida da paciente**". Contudo, insta salientar que até o fim do julgamento o medicamento passou a integrar o rol das medicações autorizadas pela ANVISA, ainda que não tenha passado a integrar a lista SUS.

existência ou não, de política estatal que abranja a prestação de saúde pleiteada pela parte". Nessa situação, o judiciário estaria apenas determinando o cumprimento de determinada política pública, havendo, pois, verdadeiro direito público subjetivo a sua concessão.

Contudo, quando inexistente política pública disponibilizada pelo SUS, o ministro concluiu que haveria a necessidade de verificação se a mesma "[...] decorre de: (1) uma omissão legislativa ou administrativa, (2) de uma decisão administrativa em não fornecê-la ou (3) de uma vedação legal a sua dispensação", fazendo alusão de que a Agência Nacional de Vigilância Sanitária – ANVISA é a responsável por verificar a segurança dos fármacos que são autorizados para uso e comercialização no Brasil.

Verificadas essas premissas, o julgador deveria se balizar em descobrir o motivo que leva a não oferta da prestação através do Sistema Único de Saúde. Aqui, duas respostas se demonstrariam possíveis: "1º) o SUS fornece tratamento alternativo, mas não adequado a determinado paciente, 2º) o SUS não tem nenhum tratamento específico para determinada patologia".

No primeiro caso, fazendo uma digressão acerca dos PCDT's, Mendes conclui que sempre deve ser privilegiado o tratamento que já é adotado pelo SUS, somente se cogitando de tratamento alternativo não disponibilizado na rede quando o mesmo não se demonstrar eficaz para a cura da doença. Ainda assim, tal tratamento/medicamento, não deve ser experimental, somente se admitindo tratamentos que sejam reconhecidamente seguros a cura da doença:

> Os tratamentos experimentais (sem comprovação científica de sua eficácia) são realizados por laboratórios ou centros médicos de ponta, consubstanciando-se em pesquisas clínicas. A participação nesses tratamentos **rege-se pelas normas que regulam a pesquisa médica e, portanto, o Estado não pode ser condenado a fornecê-los** (grifo nosso).

Contudo, como relatado, em havendo tratamento reconhecidamente seguro, mas ainda não incorporado pelo SUS:

> Parece certo que a inexistência de Protocolo Clínico no SUS **não pode significar violação ao princípio da integralidade do sistema, nem justificar a diferença entre as opções acessíveis aos usuários da rede pública e as disponíveis aos usuários da rede privada**. Nesses casos, a omissão administrativa no tratamento de determinada patologia poderá ser objeto de impugnação judicial, tanto por ações individuais como coletivas (grifo nosso).

Note-se, em síntese, que o ministro deu contorno a problemática da judicialização da saúde, delimitando os casos em que o Judiciário pode se imiscuir em políticas de saúde. Contudo, como aponta Ciarlini (2013, p. 53):

"[...] o novo posicionamento do STF não abriu espaço para a reflexão acerca das consequências resultantes da crescente judicialização das políticas públicas de saúde por meio de tutelas individuais cominatórias".

É dizer: ao olhar para a realização da microjustiça, o judiciário deixa de antever as consequências na prestação do direito como um todo, ignorando critérios de macrojustiça. Outrossim, como afirma Pivetta (2014), o voto deixou de considerar duas realidades que crescem na problemática da matéria: o uso de medicamentos de alto custo e a possibilidade "de o particular complementar com recursos próprios, o tratamento financiado pelo SUS, para ter acesso a níveis superiores de conforto" (PIVETTA, 2014, p. 241), revelando, assim, outros pontos que, de plano, precisam do mesmo tipo de debate e discussão.

Conclui-se, ainda assim, que o julgado paradigma ajudou a estruturar balizas para concessão de tutelas de saúde no Brasil, ajudando a rebater o *fuzzysmo* da jurisprudência pátria. Contudo, termina por deixar aberta a possibilidade de acionamento do judiciário em diversos momentos, desconsiderando os efeitos da cominação de tantas tutelas individuais ao orçamento dos cofres públicos, o que pode representar a perda, em qualidade, da prestação do direito fornecida a coletividade.

Vistos os pressupostos onde se assentam os debates acerca de um direito à saúde no Brasil, e do que fazem dele os tribunais, cumpre verificar, pois, qual paradigma – o procedimentalista ou o substancialista – é o mais adequado a efetivação do direito à saúde no Estado Democrático de Direito brasileiro.

5 A SAÚDE ENTRE O PROCEDIMENTALISMO E O SUBSTANCIALISMO – EM BUSCA DE UMA SÍNTESE NECESSÁRIA

Cuidou-se, ao longo dessa exposição, de, primeiramente, demonstrar sobre que balizas se edificou a Constituição e a ideia de uma jurisdição constitucional, buscando, nessa seara, demonstrar os principais paradigmas que se contrapõem ao exercício da jurisdição.

Em sequência, tratou-se de construir o histórico da saúde pública no Brasil, e nesse sentido, demonstrar sobre quais arestas esse direito chegou assentado a Constituição da República Federativa do Brasil de 1988.

Por fim, buscou-se compreender como o direito à saúde vem sendo aplicado pela jurisdição constitucional pátria, cuidando assim de demonstrar as principais críticas que se fazem ao *modus operandi* da concessão de tutelas de saúde pelo judiciário brasileiro.

A discussão que agora se propõe, trata de, através dos paradigmas expostos – procedimentalismo e substancialismo – (capítulo 1), no que tange a saúde (capítulo 2) e a forma como ela vem sendo tratada pelo judiciário (capítulo 3), demonstrar qual paradigma molda-se a expectativa de concretização fática ao direito à saúde no Brasil. Para tanto, cumpre verificar a perspectiva desses paradigmas para a consecução desse direito.

5.1 Saúde procedimental em países de modernidade tardia?

O procedimentalismo, cunhado aqui sob a perspectiva de Jürgern Habermas – vide item 1.3.1 –, se apresenta como o paradigma da realização da norma por si mesma. Trata-se de uma visualização da Constituição que a preceitua como forma e não como conteúdo (STRECK, 2012), pois credita toda validade do ordenamento jurídico a criação livre e fluida do discurso democrático, alicerçada nos procedimentos salvaguardados pela Carta Maior.

Insta observar que a CRFB/88, inclusive, buscou ampliar seu teor procedimental no que tange a saúde pública. Nesse sentido, estabeleceu a necessidade de participação da comunidade como uma diretriz da organização do Sistema Único de Saúde – SUS (art. 198, inciso III da CRFB/8).

Assim, através de audiências públicas e da organização de conselhos municipais, caberia à população discutir e apontar que aspectos da saúde pública reputam pertinentes para a consecução do orçamento local

(PIVETTA, 2014): cuida, portanto, de estruturar uma regra do jogo compatível com a jurisdição procedimental.

Tal alusão, contudo, não pode ser posta como razão para afirmar uma dedução do procedimentalismo como paradigma jurisdicional para a saúde. Verifica-se, desse modo, as seguintes causas que dificultam sua proposição como meio mais apto para a concretização do direito à saúde: i) a necessidade de igualdade material para o exercício democrático, ii) o modelo de democracia delegativa centralizada no Executivo e iii) o caráter fragmentário do jogo democrático realizado no Brasil e a consequente possibilidade de uma "ditadura da maioria"[37].

Inicialmente, há que se afirmar, que o modelo de procedimentalismo baseado no discurso democrático a que se filia Habermas não pode coexistir sem condições mínimas que assegurem uma igualdade de condições para a formação desse discurso. Isso porque a autonomia propalada pelo autor somente é possível com o estabelecimento de condições que permitam a autodeterminação dos sujeitos, ou seja, do estabelecimento de garantias quanto à satisfação de bens jurídicos essenciais como a saúde, a educação e a alimentação, por exemplo[38].

Como expõe Cambi (2009, p. 285):

> Não pode haver democracia se grande parte do eleitorado é analfabeto ou semiletrado, não tendo instrução necessária para compreender as principais questões colocadas no debate político, ou estão doentes e sem adequado

---

[37] Arrola-se, igualmente, outra razão, o déficit democrático que permeia a jurisdição brasileira. Uma possível saída estaria na ideia de radicalizar a democracia de Dominique Rousseau. "Atualmente, estão surgindo práticas, experiências, atores e instituições que afirmam ser democráticas, mas não entram no padrão de legitimidade da democracia representativa. Outros eventos no passado já perturbaram o quadro conceitual dentro e por meio do qual se pensava a coisa política: século XVIII a introdução do princípio da separação dos poderes e cidadania; no século XIX, a introdução do sufrágio universal (masculino), a criação dos partidos políticos, a erupção das massas e a opinião pública levaram arranjos institucionais. Porém, esses desenvolvimentos sempre fizeram parte da estrutura da "democracia representativa" que eles queriam salvar de uma "crise de confiança", fortalecendo a relação entre os cidadãos e seus representantes. Esse período de desenvolvimento acabou, o clico da democracia representativa está chegando ao fim, A ideia de democracia contínua tem ambição declarada de abrir um novo ciclo, propor uma nova maneira de pensar a democracia e reconfigurar suas instituições. Deriva sua energia das pessoas concretas que se atualizam em todas as esferas da atividade social, enquanto a democracia representativa a retira das pessoas abstratas reduzidas a existir apenas como eleitores; fabrica o bem comum por meio de um regime institucional concorrencial ligado ao espaço público, enquanto a democracia representativa reserva a sua produção a um corpo de representantes estatais voltadas para o interior; ela atende à "democracia dos outros" e se abre para o universal enquanto a democracia representativa se protege por trás do princípio da soberania dos Estado-nação. A democracia contínua é a institucionalização produzida pelas experiências vividas. Portanto, uma institucionalização continuamente aberta, assim como são as experiências vividas (ROUSSEAU, 2019, p. 179-180)".

[38] Amartya Sen (2011), ao tratar de uma teoria de justiça factível empresta inegável contribuição para uma análise paralela às condições do procedimento acima apontado, bem como de suas possíveis consequências: Cabe destacar que, na obra A Ideia de Justiça, Amartya Sen embarga a ideia da posição original de Rawls sob o argumento de que não existe condições concretas que após firmado o acordo, naquela posição, se cumpra indefinidamente. Além do mais, tratar-se-ia de um consenso transcendental que desconsidera o comportamento real das pessoas, desse modo, pode-se afirmar que Habermas defende um espaço ideal para a construção de um consenso, todavia, por ideal ser este espaço, pessoas reais não o acessam.

atendimento médico hospitalar, ou se estão passando fome ou, ainda, se estão desempregadas ou trabalhando em condições opressivas. Não basta assegurar direitos sem que os titulares possuam condições mínimas de, efetivamente desfrutá-los. Quem é analfabeto, tem dor e fome, não é livre: não há liberdade onde existem miséria e exclusão social em níveis eticamente inaceitáveis.

Assim, a falta de igualdade material se coloca como um obstáculo direto a realização de um modelo procedimental em países como o Brasil, onde a diferença de Estados que passaram pela etapa do *welfare state*, "[...] não houve o Estado Social" (STRECK, 2011). Para Streck (2011, p. 28): "Existe, ainda, um imenso *déficit* social em nosso país, e por isso, temos que defender as instituições da modernidade".

Nesse sentido, para autores como Streck (2014), Cambi (2009) e Mendes e Branco (2014), há que se defender um modelo de jurisdição adequado a países de modernidade tardia, ou seja, países que tentam, junto à desregulamentação do mercado e ao fenômeno da globalização, ampliar a atuação do Estado para que este seja forte e interventor na consecução de políticas públicas.

Assim, Cambi (2009, p. 500) vai afirmar que: "O projeto da modernidade ainda não se consumou e depende da crença no constitucionalismo e do que dele melhor se possa extrair como técnicas processuais da efetivação dos direitos fundamentais (neoprocessualismo)".

Para além disso, conforme aduz Ciarlini (2013, p. 83) deve partir-se da perspectiva da "[...] inevitabilidade da existência de conteúdos substanciais, que se manifestam, inclusive, na própria pressuposição de que a Constituição deve salvaguardar tais posturas procedimentais". É dizer: se não se pode assegurar a substancialidade de alguns direitos, como se justificar a própria fundamentalidade do procedimento como condição de formação do discurso democrático? Daí o autor afirmar que o próprio procedimentalismo precisa de um alicerce substancial, do qual não pode ser desvinculado.

A segunda crítica que se deduz do modelo procedimental diz respeito ao "modelo hobbesiano" do Estado Democrático brasileiro e é endossada por Lênio Luis Streck (2014). Como lembra o autor, o modelo hobbesiano cuida da democracia delegativa – a atribuição de Poder a pessoas legitimamente eleitas para o exercício do poder Estatal – e do excesso de poder que foi concedido ao Executivo na atribuição das competências do Estado (STRECK, 2014). Trata-se de modelo hobbesiano justamente porque centralizador de competências num único Poder – no caso brasileiro à União – diminuindo ou adentrando na competência dos demais.

Nesse sentido, como falar em um modelo procedimental no Brasil, se é dado ao Executivo se imiscuir diretamente na seara legislativa através do estabelecimento de medidas provisórias (art. 62, *caput*, CFRB/88)? Como lembra Streck (2014, p. 191), nesses casos perde-se "[...] a garantia do acesso à produção democrática das leis e procedimentos que apontam para o exercício dos direitos previstos na Constituição". A legitimidade do discurso estaria ameaçada.

Ainda: "[...] Habermas parece menosprezar a vagueza e a ambiguidade dos textos ínsitas aos textos jurídicos (inclusive os que tratam de procedimentos)" (STRECK, 2014, p. 174). É questionar: a que nível se daria uma exegese do texto procedimental se ele pretende um judiciário que apenas corrija os desvios do processo estabelecido na Constituição? Que se há de fazer quando esses enunciados forem ambíguos, vagos e poucos claros, já que não é dado ao Judiciário se imiscuir no conteúdo desses direitos?

Por fim, a terceira crítica que se deduz do modelo procedimental cuida do caráter fragmentário do discurso democrático que se realiza no Brasil através da democracia delegativa. Nesse ponto, Cambi (2009, p. 183) firma que:

> A lei resulta de grupos de pressões (representantes de empresários ruralistas, religiosos, sindicalistas, servidores públicos etc.) e de mecanismos de votação ilegítimos (v.g. voto das lideranças). A lei não traduz a vontade geral, sendo contraditória, ocasional, fragmentária, numerosa e cambiante. Não é expressão pacífica de uma sociedade política internamente coerente, tampouco um ato impessoal, geral e abstrato, que traduza interesses objetivos, coerentes, racionalmente justificáveis e generalizáveis, mas um ato personalizado – proveniente de grupos identificáveis – que persegue interesses particulares.

Assim, no que tange ao processo legislativo formalmente constitucional, o que se observa é um distanciamento dos interesses populares dos âmbitos de discussão, o que se revela, inclusive, numa crescente banalização da política entre os cidadãos (DUARTE, 2012).

E se a lei se torna fragmentária, ocasional e cambiante, há uma quebra do discurso democrático (CIARLINI, 2013), pois os indivíduos deixam de se ver como fundadores do direito que devem exercer. Daí autores como John Rawls[39] concluírem que o procedimentalismo permitiria se limitar por

---

39 Sobre esse assunto Gargarella (2008, p. 78-79) lança a seguinte observação "como vimos, segundo Rawls, cada indivíduo só é parcialmente responsável por seus esforços, dado que, em parte, essa capacidade de se esforçar é um mero produto da sorte. Logo, e devido à dificuldade para distinguir claramente até que ponto isso é, a política que Rawls aconselha seguir é a de ignorar, em princípio, o esforço de cada um com uma base legítima para exigir recompensas ao restante da sociedade. No entanto, na análise feita por Rawls em relação aos desejos de cada um e ao modo como tais desejos devem ser tratados, sua proposta parece seguir um caminho completamente diferente do aconselhado para o caso anterior. Nesse momento, Rawls também defende que somos pelo menos parcialmente responsáveis por nossos gostos, mas conclui afirmando que cada um deve arcar completamente com as consequências de suas escolhas. Assim, por exemplo (e em sua crítica ao utilitarismo), Rawls afirma que ninguém pode exigir que seja abastecido, digamos, de caviar e champanhe para satisfazer sua dieta diária, já que isso implicaria admitir que essa pessoa não é responsável por suas escolhas. Esse tratamento diferente das decisões individuais em casa caso causa perplexidade em Cohen, que conclui sua análise perguntando-se 'por que a responsabilidade

um sistema meramente legitimado, mas não necessariamente justo – ainda que para esse autor, também filiado ao paradigma procedimentalista, certo grau de injustiça seria justificável em prol de uma legitimidade do discurso (DUARTE, 2012)[40].

Para além disso, se da Constituição não podem ser retiradas normas substanciais que permitam a proteção de direitos subjetivamente tutelados para se garantir um procedimento justo, há que se ter consignado que não haveria caráter contramajoritário do texto constitucional, tornando possível que maiorias eventuais viessem a remover direitos e garantias conquistados historicamente (STRECK, 2014).

A par das críticas que aqui se aduzem ao modelo procedural, cresce no Brasil a tentativa de ampliar esse modelo, criando sistemas procedimentais moderados. Ciarlini (2013), por exemplo, defende um procedimentalismo moderado para a saúde no Brasil[41]. Em sua concepção, a par da postura substancialista de origem alexyana adotada por *terrae brasilis*, seria possível estabelecer um modelo de saúde adequado a países de modernidade tardia, fundado na Ação Civil Pública como condição de possibilidade para geração de uma saúde moderadamente procedimental. Segundo o autor:

> percebe-se que a Constituição Federal adotou, como atributo da legitimação das decisões que orientam a gestão do Sistema Único de Saúde, o acesso à deliberação pública plural, justamente em virtude da necessidade de buscar substratos da vontade de seus partícipes sobre a definição dos paradigmas delineadores das precedências a serem atendidas, em face dos recursos e meios disponíveis para tanto (CIARLINI, 2013, p. 235).

E conclui:

> Mostra-se imprescindível, portanto, atentar-se para o fato de que para o fim de determinação de balizas ao exercício de certos direitos subjetivos constitucionais *in concreto*, o ajuizamento de uma ação civil pública

---

parcial pelo esforço não vale nenhuma recompensa, enquanto a (mera) responsabilidade parcial por adquirir gostos caros implica em uma punição completa?'".

40 Uma possibilidade, inicialmente, que encetaria uma rejeição a ideia de uma injustiça justificável repousaria na ideia de escolha social: Sen (2011, p. 446) "ao optar pela abordagem da escolha social e não pela do contrato social, não é minha intenção, evidentemente, negar as contribuições da abordagem contratualista para a compreensão e esclarecimento da justiça. Mas, por mais esclarecedora que seja a tradição do contrato social, considero que suas limitações para fornecer fundamentos de alcance adequado para uma teoria da justiça são tão profundas que ela acaba operando, em parte, como obstáculo para aplicação da razão prática sobre o domínio da justiça".

41 "Nesse viés, uma teoria constitucional para países periféricos não poderá se filiar integralmente a uma postura substancialista que, por estar embasada no critério de igualdade, se afirmará não sem risco às liberdades constitucionais. De modo diverso, não poderá ainda se fundamentar em critérios puramente procedimentais, sob pena de, em nome da liberdade, fazer ruir a crença na possível efetividade dos direitos" (CIARLINI, 2013, p. 68).

corresponde, em verdade ao início de um processo de elaboração da norma jurídica genérica, aplicável *erga omnes*, inclusive com a extensão dos efeitos do julgado aos casos futuros e análogos ocasião em que caberá ao judiciário a última palavra sobre a densificação de seus elementos normativos (CIARLINI, 2013, p. 239)

Trata, pois, principalmente de tentar amenizar o crescente ativismo judicial que se instalou no Brasil, sendo assertivo em que: "A sentença a ser prolatada como resultado de uma ação civil pública não deve, portanto, deixar de pressupor a deliberação social plural" (CIARLINI, 2013, p.238). Busca assim, uma redução da discricionariedade dos magistrados através do estabelecimento de uma democracia participativa no procedimento.

Tal modelo representaria "[...] uma alternativa para a atividade judicial que, ao tratar de saúde, não deve perder de vista o pluralismo – que, aliás, é o princípio fundamental do próprio SUS – e, portanto, a gestão democrática dos temas relativos à saúde, ao conciliar o pluralismo com a democracia[42]" (CIARLINI, 2013, p. 246).

A fim de amenizar o critério único de concessão de tutelas mediante Ação Civil Pública, Ciarlini (2013), advoga que casos omissos deverão ser cuidados pelo Judiciário, que deve sempre tentar equilibrar a autonomia (liberdade dos indivíduos) com o bem estar social (igualdade). Não cuida, porém, de explicitar sobre que bases isso seria realizado, e nem estabelece quais casos poderiam ser "omissos" padecendo de intervenção jurisdicional individual.

Em linhas gerais, do aqui disposto, cumpre acentuar que um modelo procedimentalista puro não tem como vigorar no Brasil sem causar uma grave mitigação ao direito à saúde. É dizer: a par do estabelecimento de uma regra meramente formal e pobre de conteúdo, cresce em possibilidade a chance de corrupção do discurso democrático, haja vista a impossibilidade da sua realização frente à falta de autonomia da maior parte dos atores sociais – carentes que estão de condições mínimas para o desenvolvimento de sua autodeterminação.

Há que se investigar, assim, se os modelos substanciais ampliam a chance de concretização fática do direto à saúde no Brasil.

5.2 A visão substancialista alicerçada em Robert Alexy – a saúde como elemento de ponderação

O substancialismo, como aqui foi trabalhado no item 1.3.2, cuida de estabelecer que os direitos consagrados na Constituição não podem se resumir

---

[42] O conflito entre pluralismo e democracia, pela perspectiva de Ciarlini (2013), cuida do conflito entre o bem estar social e a autonomia dos indivíduos – igualdade *versus* liberdade.

a formação do discurso democrático, pois tal condição mitigaria sua possibilidade de realização em países em que as promessas da modernidade ainda não foram cumpridas.

Estabeleceu-se nessa oportunidade, que existem diferentes tipos de substancialismos, que podem conduzir a diferentes graus de realização dos direitos. Assim, se procurou consignar que a visão de Alexy, a par de visualizar a Constituição como uma ordem objetiva de valores, culmina por concluir que diferentes princípios – ou valores – podem se aplicar a uma mesma situação concreta, havendo a necessidade de um sopesamento que indique que princípio deve prevalecer na situação *sub judice*.

Pois bem. Tal modelo traz implícito grande potencialidade de realização de direitos, vez que permite ao judiciário fazer uma análise de seu conteúdo e extensão. Assim, toda a discussão protagonizada quando aqui se tratou de tutela de saúde (capítulo 3), é diretamente aplicável, vez que este é o paradigma que se afixou como dominante no Brasil. É do modelo alexyano que se abriu, assim, margens a discussão de um mínimo existencial relacionado à proteção da dignidade humana e de sua relação com a reserva do possível – se pondo, ainda, margem para a discussão de uma proibição à proteção insuficiente, de uma proibição do excesso e de uma proibição do retrocesso.

Tal modelo, contudo, sofre importantes críticas pela doutrina. Se no procedimentalismo o risco era a perda de concretização do direito pelo estabelecimento de uma norma meramente formal, no substancialismo construído por Alexy o risco se encontra no excesso de poder relegado à magistratura.

As primeiras críticas que aqui podem sem arguidas vêm de Habermas que, ao concordar com o caráter deontológico dos princípios pugnado por Dworkin, descarta o modelo dos princípios como mandados otimizáveis. Para ele:

> Os que pretendem diluir a Constituição numa ordem concreta de valores desconhecem seu caráter jurídico específico; enquanto normas do direito, os direitos fundamentais, como também as regras morais, são formados segundo o modelo de normas de ação obrigatórias – e não segundo modelo de bens atraentes (HABERMAS, 2012, p. 318).

Isso significa que para o filósofo procedimentalista, a ideia de um ordenamento de valores, traz para o direito um pragmaticismo irrecuperável: se valores dizem respeito ao que é bom, há que se ter em mente que o bom é, pois, variável não oferecendo nenhuma segurança jurídica na manutenção de critérios previsíveis e aplicáveis, podendo se afastar qualquer juízo com base numa argumentação pragmática. Na escorreita definição de Coura (2009, p. 166): "Verifica-se então a possibilidade de qualquer razão assumir o caráter de argumento político – 'de relevância jurídica' – em cada caso de conflito na aplicação do direito".

Para Duarte (2012, p. 151), ao perder o caráter binário (lícito/ilícito) da norma, para assumir um critério de preferência ou valor do que é bom/melhor numa dada situação: "[...] abertas estariam as portas para que os juízes, desembargadores e ministros se convertessem em verdadeiros legisladores anômalos, com o que soçobraria qualquer possibilidade de uma democracia radical", vez que se estariam, literalmente, fazendo uma escolha política.

E complementa: "[...] o produto da soberania popular, exercida direta ou indiretamente pelos cidadãos, estaria subordinado às vontades de uma 'aristocracia de toga'" (DUARTE, 2012, p. 151). E o pior: com a possibilidade de manejar o decisionismo sob o manto da legitimidade de seu livre convencimento motivado, fundado na ideia de uma ordem de valores atribuída a Constituição (STRECK, 2014).

O próprio Alexy (2009a, p. 163-164), ao tentar desconstituir os principais argumentos contra seu método, levanta a crítica que lhe é mais cara acerca da ideia do sopesamento: "[...] é muitas vezes levantada a objeção de que ela não é um modelo aberto a um controle racional. Valores e princípios não disciplinam sua própria aplicação, e o sopesamento, ficaria sujeito ao arbítrio daquele que sopesa".

Para defender essa crítica, o autor diferencia um sopesamento decisionista e um sopesamento fundamentado: "Em ambos os modelos o resultado do sopesamento é um enunciado de preferências condicionadas. No modelo decisionista a definição do enunciado de preferência é resultado de um processo psíquico não controlável racionalmente" (ALEXY, 2008a, p. 165). O modelo fundamentado, contudo, se basearia numa teoria da argumentação, que traria a lume respostas racionalmente fundamentadas, e por isso dotadas de maior legitimidade (ALEXY, 2008a).

Ocorre, todavia, que nem sempre uma teoria é aplicada em sua inteireza, sendo importante consignar que no Brasil, com a adoção de várias técnicas alienígenas de interpretação do direito – fenômeno que Streck (2011) denominou de *mixagens espistemológicas*, a teoria alexyana restou modificada para se adaptar aos tribunais pátrios:

> Importante anotar que no Brasil, os tribunais, no uso descriterioso da teoria alexyana, transformaram a regra – sim, é uma regra – da ponderação em um princípio. Com efeito, se na formatação proposta por Alexy a ponderação conduz à formação de uma regra – que será aplicada ao caso por subsunção -, os tribunais brasileiros utilizam esse conceito como se fosse um enunciado performático, uma espécie de álibi teórico capaz de fundamentar os posicionamentos os mais diversos (STRECK, 2014, p. 287).

Daí o autor alertar que em nome do uso de um princípio da proporcionalidade (sic), abriu-se margem para uma discricionariedade – no sentido de decisionismo –sem precedentes no Judiciário brasileiro, cuja consequência é o aumento exponencial do ativismo judicial, principalmente em matéria de saúde (STRECK, 2014). Isso porque, no Brasil, em nome de uma suposta garantia à dignidade da pessoa humana toda prestação de saúde vem sendo preferida à reserva orçamentária do Estado, demonstrando a opção por um sopesamento decisionista:

> Permito-se ser repetitivo: a ponderação – nos termos propalados por seu criador, Robert Alexy – não é uma operação em que se colocam os dois princípios em uma balança e se aponta para aquele que "(só)pesa mais" [sic], algo do tipo "entre dois princípios que colidem, o intérprete escolhe um" [sic], Nesse sentido é preciso fazer justiça a Alexy: sua tese sobre a ponderação não envolve essa escolha direta (STRECK, 2014, p. 287).

O resultado desse julgamento de valor são as já propaladas estatísticas de gastos infindáveis em saúde que constavam das programações do Estado. O risco que se incorre é, em nome da realização de um suposto direito subjetivo, se fragilizar todo o Sistema Único de saúde, resultado da necessidade de suprir um gasto cada vez maior em decisões concessivas de medicamentos, procedimentos e tratamentos médicos (CIARLINI, 2013).

Por isso Barcellos (2008) – que se filia a essa corrente substancialista de origem alexyana, vai estabelecer a impossibilidade de se realizar além do mínimo existencial – por ela definido como a saúde básica – nas demandas que versem sobre saúde. Entende a autora que a população que mais precisa da prestação da saúde pública é a população mais carente, que não possuiria acesso à jurisdição constitucional, manejada, geralmente, pelas classes médias e abastadas.

Em sua análise:

> A primeira dificuldade diz respeito à atuação do juiz e a suas impressões psicológicas e sociais, que não podem ser desconsideradas. Um doente com rosto, identidade, presença física, e história pessoal, solicitando ao juízo uma prestação de saúde – não incluída no mínimo existencial nem autorizada por lei, mas sem a qual ele pode vir mesmo a falecer – é percebido de forma inteiramente diversa da abstração etérea do orçamento e das necessidades do restante da população, que não são visíveis naquele momento e tem sua percepção distorcida pela incredulidade do magistrado, ou ao menos pela fundada dúvida de que os recursos públicos estejam sendo efetivamente usados na promoção de saúde básica (BARCELLOS, 2008, p. 305).

Por isso, aposta na saúde básica como critério de limitação da concessão de tutelas de saúde, afinal: "é difícil imaginar que a sociedade brasileira seja capaz de custear (ou deseje fazê-lo) toda e qualquer prestação de saúde disponível no mercado para todos os seus membros" (BARCELLOS, 2008). Nesses termos, qualquer tutela que ultrapasse esse mínimo, se configuraria em ativismo judicial, ou seja, feriria a legitimidade da atuação judiciária. Sua posição, contudo, é minoritária, sobressaindo no Brasil, à aplicação direta e quase irrestrita da literalidade do artigo 196 da CFRB/88, que cuida de lembrar que a saúde é "gratuita e integral".

Culmina do exposto, que ainda que meio profícuo para a concretização do direito à saúde, o procedimentalismo de origem alexyana corre o sério risco de comprometer a linha tênue que procura separar liberdades públicas e direitos sociais, vez que a par do escopo de concretização da norma jurídica pelo magistrado, perde-se a visão macro dos programas nacionais que visam promover e aperfeiçoar a saúde que é prestada de forma igualitária para todos.

Outrossim, culmina por soçobrar a separação dos poderes, vez que o juiz passa a instituir políticas públicas que culminaram por tornar-se obrigatórias frente todas as demais situações que se afigurem como iguais, criando um poder de legislatura arriscado e que não possui ferramentas eficazes para controle – considerando para tanto o poder de livre convencimento motivado do magistrado e a falta de processo democrático para a escolha dos juízes. Assim, em que pese a alta carga concretizadora do princípio, o substancialismo alexyano deve ser observado com cautelas.

5.3 A visão substancialista de Ronald Dworkin – por uma saúde com integridade e coerência

A visão construtivista do direito, alicerçada no substancialismo de Ronald Dworkin – e aqui tratada no item 1.3.2 – se baseia centralmente na visão de uma comunidade jurídica alicerçada em princípios, o que impende destacar que tais princípios seriam fundamentos das regras jurídicas e não aberturas normativas para elementos axiologizantes – como pugna Alexy.

Cumpre estabelecer de antemão que Dworkin volta seu *Império do Direito* ao *common law* americano, razão pela qual sua aplicação irrestrita, no campo do direito à saúde ou de qualquer outro direito, não pode ser observada no Brasil (DUARTE, 2012). É dizer, não se poderia buscar por uma teoria sem sua filtragem constitucional adequada, apropriada para países de modernidade tardia.

De se observar, assim, que no Brasil o maior defensor das ideias do americano é Lenio Luiz Streck, que procura construir uma teoria da Constituição adequada a países periféricos. Para o autor, a posição de Dworkin quanto aos princípios constitucionais produz importante característica para se evitar decisões discricionárias pelo Judiciário (STRECK, 2012), mitigando o danoso ativismo judicial.

Disso exsurgem as seguintes considerações: i) a Constituição, como fundamento de validade do sistema, informa os princípios sobre os quais se alicerça a sociedade, devendo todas as normas lhe devotar coerência, formando um sistema íntegro e ii) a aplicação do direito, a fim de realizar a integridade, deve ter assente uma teoria construtiva da decisão.

Nesse sentido, a primeira observação que se impõe é de que, sendo os princípios as estruturas fundantes da sociedade, a Constituição, como texto normativo que funda determinada comunidade jurídica, cuida de assegurá-los, a fim de que o constituir-a-ação daquela comunidade não seja perdida. "Isso significa afirmar que, enquanto a Constituição é o fundamento de validade (superior) do ordenamento consubstanciadora da própria atividade político--estatal, a jurisdição constitucional passa a ser condição de possibilidade do Estado Democrático de Direito" (STRECK, 2014, p. 37), vez que caberá ao magistrado determinar o conteúdo e amplitude de tais princípios, tornando a Constituição promessa ou *práxis*.

Outra importante questão pode ser retirada: cabe ao judiciário o controle de constitucionalidade da omissão legislativa ou executiva, vez que, uma vez constitucionalizados, tais princípios se tornam verdadeira clausula de barreira contra a ingerência desses poderes. Como deixa assente o autor: "[...] o Estado Democrático de Direito não admite discricionariedade (nem) para o legislador, porque ele está vinculado a Constituição" (STRECK, 2014, p. 117).

É, contudo, no estabelecimento de uma teoria da decisão adequada que se debruça o autor. Streck (2014) define, assim, cinco princípios que possibilitariam uma decisão íntegra e coerente, dentro da estrutura que pugna o direito brasileiro: preservar a autonomia do direito, controlar hermeneuticamente as decisões judiciais, respeitar efetivamente a integridade e a coerência do direito, a existência de um dever fundamental de justificar as decisões e o direito fundamental a uma resposta constitucionalmente adequada.

Assim, inicialmente, deve o julgar preservar a autonomia do direito, evitando os agentes endógenos – tais como a aposta no discricionarismo judicial fundado numa leitura decisionista da proporcionalidade alexyana e o panprincipiologismo[43] – e os fatores exógenos como o direito econômico, e a inserção da moral como instrumento de correção do direito (STRECK, 2012, 2014).

---

43 Analisa Streck: "Trata-se desse modo, por assim dizer, de um conjunto de 'critérios aplicativos' cognomidados de 'princípios, os quais, reconheço, podem ser importantes na busca de soluções jurídicas na cotidianidade das práticas judiciárias, mas que, em sua maior parte, possuem nítidas pretensões de metarregras, além de, em muitos casos, sofrerem de tautologia" (STRECK, 2012, p. 537). E complementa: "'Positivaram-se os valores': assim se costuma anunciar os princípios constitucionais, circunstância que facilita a 'criação', em um segundo momento, de todo tipo de 'princípio', como se o paradigma do Estado Democrático de Direito fosse a 'pedra filosofal da legitimidade principiológica', da qual pudessem ser retirados tantos princípios quantos necessários para solvermos os casos difíceis ou 'corrigir' as incertezas da linguagem" (STRECK, 2012, p. 518).

Uma análise da saúde sobre esse primeiro princípio impende em verificar: a concessão da tutela de saúde está se baseando em critérios políticos? Ao conceder o procedimento/medicamento/tratamento o Judiciário está se baseando em critérios jurídicos ou *contrario senso* trata de argumentos alienígenas – como o fato de que todos vão morrer e se juntar a Deus (conforme verificado no item 3.3 ao tratar do *fuzzysmo*)?

Como lembra Streck (2014, p. 332): "O direito é fruto de regras e princípios. Portanto antes de 'lançar mão' da razão prática, deve-se buscar a reconstrução histórica institucional da regra e de sua inserção no conjunto principiológico". É dizer, não pode o julgador recorrer a seus juízos de valoração sob pena de ferir a autonomia do direito que exige argumentos jurídicos para problemas jurídicos (STRECK, 2012).

O segundo princípio estabelece a necessidade de um controle hermenêutico sobre a decisão constitucional. É dizer: trata-se da "[...] imposição de limites às decisões judiciais" (STRECK, 2014, p. 333), atacando, assim, qualquer discricionariedade do julgador. Cumpriria indagar: a tutela de saúde a ser concedida parte de uma discricionariedade do julgador? Se defiro conforme meu convencimento e 'minha concepção de direito', há a necessidade concordância com a história institucional e com a doutrina?

É nesse segundo princípio que se apresenta a impossibilidade de exercício de 'concessão de todo tipo de medicamento para o tratamento de pacientes renais crônicos' – conforme a STA 191/AL de relatoria da ministra Ellen Gracie, uma vez que totalmente incompatível com o princípio orçamentário, a razoabilidade e a dignidade da pessoa humana (dado que capaz de comprometer todo serviço público de saúde).

O terceiro princípio trata do respeito efetivo a integridade e a coerência. Segundo Streck (2014, p. 337): "[...] haverá coerência se os mesmos princípios que foram aplicados nas decisões o forem para casos idênticos", do mesmo modo que "[...] estará assegurada a integridade do direito a partir da força normativa da Constituição" (STRECK, 2014, p. 337).

Uma decisão de saúde, nesse sentido só poderia ser considera adequado, se todos os pacientes que em igual condição buscarem ao judiciário tiverem, de fato, a mesma sentença. Mais: só poderia ser considerada íntegra se verificasse o ordenamento vigente para o direito, o que significaria uma abordagem não na literalidade do texto constitucional, mas ampliativa a todas as regras que cuidam do tratamento/medicamento/procedimento: como os Protocolos de Diretrizes Clínicas e Terapeuticas – PCDT's e as portarias que cuidam da autorização de medicamentos pela ANVISA. Essa característica afastaria, ainda, a incidência do efeito *fuzzy*, pois obrigaria o Judiciário à apreciação do direito social em sua inteireza.

O quarto princípio cuida do dever de fundamentação da decisão. Para Streck (2014, p. 341): "[...] por este princípio, é possível discutir a aplicação do direito a partir da historicidade [...] isso, porque o dever de fundamentar significa uma blindagem contra historicismos e a-historicidades". E complementa: "Há que levar em conta, ademais, que justificar quer dizer fundamentar. E que isso vai muito além de motivar. Posso ter vários motivos para fazer algo, mas talvez nenhum deles seja justificado" (STRECK, 2014, p. 341).

Uma tutela de saúde, nesse sentido, deve se atentar necessariamente a fundamentação, que pode advir de legislação infraconstitucional ou de leitura sistemática do ordenamento jurídico. Daí porque se concordar com Gilmar Mendes quando da STA 175 fixou leitura que privilegie o discurso construtivo da decisão: o direito é oferecido pelo SUS e possui PCDT? Se não, o tratamento alternativo que se pugna possui similar no SUS com a produção dos mesmos efeitos? Se não, tal tratamento é oferece segurança médica sendo reconhecido pela ANVISA? Se não, embora em estudo, possui ampla aceitação na comunidade médica? Trata-se, pois, de roteiro que privilegia uma ampla fundamentação/justificação da decisão.

Há que se consignar, pois, que o dever fundamentar é uma verdadeira *accountability*[44]. Como afirma Streck (2014, p. 318):

> Nesse ponto, cabe uma advertência: quando eu sustento o dever de *accountability* não estou simplesmente dizendo que a fundamentação 'resolve' o problema decorrente, por exemplo, do livre convencimento (que está no projeto do novo Código de Processo Penal), da livre apreciação da prova (que está no projeto do Novo Código de Processo Civil) ou da discricionariedade. Não é isso. *Accountability*, nos moldes em que proponho quer dizer fundamentação da fundamentação.

Trata-se, assim, de reconhecer a necessidade, nos termos propostos por Dworkin da devida reconstrução histórica da regra e o estabelecimento de sua coerência com o sistema de princípios.

O último princípio estabelece um direito fundamental a uma resposta constitucionalmente adequada. Nas palavras de Streck (2014, p. 343): "Esse princípio se traduz na garantia de que cada cidadão tenha sua causa julgada a partir da Constituição e de que haja condições de se aferir se a decisão está ou não constitucionalmente adequada".

E mais: seria um direito fundamental abarcado pela Carta Maior, vez que ao artigo 93, IX da CRFB/1988, "[...] do mesmo modo que há o dever

---

44 "*Accountability* é um termo proveniente da língua inglesa, conceito chave no estudo da pública e na prática do serviço público, não existindo tradução exata para a língua portuguesa. Não obstante a dificuldade de conceituação etimológica da palavra em português, o significado deste verbete estrangeiro remete à ideia de obrigação, que os integrantes dos órgãos representativos possuem de prestar contas a fim de proporcionar o controle das suas respectivas gestões, por isso, é considerado um aspecto central da governança, tanto na esfera pública quanto privada" (SANTOS, n. d.).

de fundamental de justificar/motivar as decisões, existe também o direito fundamental à obtenção de respostas corretas/adequadas a Constituição" (STRECK, 2012, p. 619). É dizer, o dever de fundamentar traria implícito o dever de responder corretamente – ou seja, de modo constitucionalmente adequado.

Por fim, e buscando assegurar que a possibilidade de um sistema fundado em princípios não cause o esvaziamento da regra, Streck (2014) vai afirmar que uma regra só pode deixar de ser aplicada em seis hipóteses: quando a lei (ou ato normativo) for inconstitucional[45], quando for o caso de aplicação de solução de antinomias, quando aplicar a interpretação conforme a Constituição[46], quando aplicar a nulidade parcial sem redução de texto, quando regra – por razões de história institucional não condizer com o princípio que a orienta e, por fim quando se tratar de declaração de inconstitucionalidade com redução de texto. Cria assim, cenário que procura evitar ao máximo o alargamento do poder discricionário do magistrado.

Note-se assim, que a par de permitir a concretização do direito à saúde (ao inverso do modelo procedimentalista), o substancialismo visto a partir de Dworkin – e aqui trazido ao debate brasileiro por Lênio Streck – tem forte carga antidiscricionária, buscando conter os excessos de poder do Judiciário.

Possibilita, assim, através da *accountability* e da construção de um direito sobre a integridade e a coerência, um modelo alternativo que, a par do substancialismo alexyano, culmina por concretizar sem perder de vista o equilíbrio do Estado Democrático de Direito entre liberdades individuais e direitos coletivos, já que busca construir, *in concreto* – com os olhos no presente, mas com vistas a história institucional e a melhor aplicação para o futuro – o direito que será tutelado pelo judiciário.

---

45   Nessa seara se encaixa a liberação do medicamento fosfoetanolamina, medicamento experimental desenvolvido pela USP. Recentemente alvo da ADI 5501 devido a edição da Lei nº 13.269/2016 que tornou obrigatória sua dispersão pelo SUS, a medicação não possui qualquer tipo de comprovação de sua eficácia, colocando em risco a segurança e a saúde públicas. No contexto que se desenvolve essa exposição, trata-se de lei inconstitucional, na medida em que ofende a dignidade da pessoa humana, o direito à saúde (segura).

46   Exemplo típico dessa proposição é trazida por Pivetta (2014, p. 153) ao tratar da Portaria MS/SAS 90/2011 que "limitou em 15% a quantidade de pacientes portadores de Leucemia Mileóide Crônica (LMC) que poderão receber medicamento de segunda linha para o tratamento da doença". Nos tratamentos oncológicos é comum a divisão por linhas, situação em que, não obtendo sucesso na primeira, o paciente passa as subsequentes. Ao limitar o número de pacientes que poderiam ascender ao tratamento de segunda linha o Ministério da Saúde criou limitação que a Constituição expressamente veda ao garantir a igualdade e a integralidade. Trata-se, pois, de situação em que deve ser afastada a regra para a garantia do princípio, a fim de se garantir a hermenêutica mais adequada.

6 CONSIDERAÇÕES FINAIS

Através de uma análise da relação Teoria do Estado/Constitucionalismo/Direitos Fundamentais, buscou-se demonstrar que há profunda imbricação entre esse trinômio, configurando diferentes arranjos jurídicos através dos tempos. Nesse sentido, o modelo de Estado democrático de Direito que emerge com o modelo neoconstitucionalismo, traz a lume uma Carta Constitucional de natureza normativa, que se coloca no centro do ordenamento jurídico, exigindo ferramentas para sua concretização.

Nesse novo cenário, a jurisdição constitucional mostrou-se dividida: de um lado a busca pela concretização de seu texto (vez que norma jurídica), gerou a discussão acerca das possibilidades da análise material desses direitos, ficando os favoráveis ligados ao paradigma do substancialismo e os contrários ao paradigma procedimentalista. Do problema que aqui se cuidou, é dizer: de qual paradigma é mais profícuo a concretização do direito à saúde no Brasil, soçobrou, ainda, a necessidade de compreender melhor esse direito, a fim de verificar que paradigma melhor se coaduna ao mesmo.

Foi nesse sentido que se verificou que a saúde sempre foi um problema social em *terrae brasilis*. Totalmente despida da característica de um direito vinculado a vida humana digna, arrefeceu-se como mera instrumentalidade do Estado, sendo tratada como mera contenção de epidemias para não prejudicar os interesses econômicos do capital.

Exilada junto ao direito dos trabalhadores – que excluía, pois, todos aqueles que não eram empregados, migrou entre as diversas Constituições sem qualquer infraestrutura que desse suporte satisfatório a cura e a prevenção das doenças. O direito à saúde chega a CRFB/1988, assim, sem nunca ter sido efetivamente garantido. Com ele, emergiram séculos de demandas reprimidas por tratamentos/medicações/procedimentos. A garantia de uma saúde integral levou a população às portas do judiciário – eis o *busílis*: que quer dizer princípio? Como ele deve ser interpretado?

Para lidar com o quadro, o Brasil importou uma série de técnicas estrangeiras. O ativismo judicial norte americano, e a ponderação proposta por Robert Alexy foram as mais expressivas. A saúde, nesse contexto, passou a ser visualizada numa ponderação entre meios e fins, nos quais, muitas vezes, valores totalmente desvinculados ao direito endossaram a existência de um verdadeiro *fuzzysmo*, deixando claras as dificuldades que se ancoraram na doutrina para cuidar dos direitos sociais.

Vislumbrou-se, pois, que a análise dos paradigmas jurisdicionais poderia dar uma resposta mais adequada às necessidades da tutela da saúde, verificando assim que paradigma é mais condizente para a concretização desse direito sem minimizar ou solapar o Estado Democrático de Direito. Desse cenário, foram aferidas as conclusões que se seguem:

I. A possibilidade de concretização do texto constitucional é um debate recente, vez que historicamente a Constituição tinha papel político, não sendo dotada de normatividade. Importa avivar, nesse sentido, que geralmente suas disposições serviam meramente como inspiração ao poder soberano, servindo de base para a estruturação de uma separação de poderes e demonstrando um compromisso político em não se imiscuir em assuntos individuais – liberdades negativas. O critério de separação dos poderes é tão importante, que não se considera detentor de Constituição o Estado que não estabelece um sistema de repartição de poderes e competências.

II. Verificou-se inicialmente, assim, que a passagem entre os diferentes modelos de Estado, se coaduna com uma tônica mais forte em um dos poderes instituídos. Assim, o Estado Liberal, advindo das revoluções francesa e americana, em busca de assegurar o máximo de ingerência do Estado em suas relações individuais, colocava o Legislativo como poder forte, não aceitando sua limitação sob nenhuma rubrica. O Estado Social, por sua vez, em busca da igualdade material e apostando na consecução de políticas públicas pelo Estado, deslocou parcela do poder ao Executivo, responsável por gerir a coisa pública e tornar possíveis os direitos sociais. Por fim, o Estado Democrático de Direito, fruto do movimento neoconstitucionalista, através do surgimento da força normativa da Constituição, engendrou uma expansão da jurisdição constitucional, levando a tônica dos tempos hodiernos em direção ao Judiciário.

III. A Constituição Brasileira fruto do movimento neoconstitucionalista, surge como um imenso rol de direitos e garantias fundamentais exigindo a abertura de um debate que traga a lume uma nova teoria da decisão que possibilite ao Judiciário lidar com as regras e os princípios – ambos dotados de normatividade. Nesse contexto, a busca por critérios de interpretação dos princípios vai levar a diferentes paradigmas constitucionais que remontam a teorias procedimentalistas e substancialistas. As primeiras acreditando que o Judiciário não poderia se imiscuir em políticas públicas e as últimas julgando que é dever do Judiciário proteger os direitos concedidos pela Carta Magna.

IV. O paradigma procedimentalista que aqui se buscou debater parte de Habermas e tem como escopo a autonomia dos indivíduos e o discurso democrático. Baseado em ideários liberais e fortemente vinculado às liberdades públicas, o filósofo da escola de Frankfurt determinará que um direito pode ser considerado legítimo quando devidamente constituído pelos atores sociais através do discurso. Nesse sentido, caberia a Constituição assegurar apenas os procedimentos para a ordenação desse discurso, permitindo que os indivíduos fundem o direito e sintam-se seus coparticipantes. A jurisdição, nesse modelo, deveria apenas corrigir possíveis ruídos no procedimento, não podendo entrar na matéria do conteúdo dos direitos. Habermas cuida, assim de estabelecer uma democracia meramente formal. Os indivíduos terão tantos direitos quanto buscarem estabelecer discursivamente.

V. O paradigma substancialista, ao contrário, não acredita que o estabelecimento de processos seja o suficiente para a concretização dos direitos, principalmente em países de modernidade tardia, onde as promessas do Estado Social não foram cumpridas e a maior parte da população carece de direitos fundamentais básicos, não se podendo falar em autodeterminação e autonomia. Nesse contexto, verificou-se a existência de dois substancialismos diversos que, sob a perspectiva de encontrar de realizar os direitos fundamentais dando-lhes conteúdo e extensão, terminam por criar expectativas de direito distintas. Assim, verificou-se que a Jurisprudência dos Valores de Robert Alexy e o Construtivismo de Ronald Dworkin. A principal diferença entre os autores é o papel que o princípio estabelece no Direito. Para o primeiro, os princípios são mandados de otimização que indicam que o Estado se organiza numa ordem suprapositiva de valores. Possuem assim, natureza axiológica, servindo de abertura para valores consagrados pela sociedade no seio jurídico. Para o segundo, os princípios seriam deontológicos, sendo fruto de uma coparticipação entre o direito e a moral social. Sobre eles se edificariam as regras, de tal forma que uma regra sempre teria um princípio que a informa, e o princípio seja sempre um critério de fechamento e não de abertura do sistema jurídico.

VI. Buscando uma reconstrução da saúde, verificou-se que muita pouca atenção foi dada a este direito durante a sucessão das constituições que se apresentaram, havendo, na maioria das vezes, uma busca apenas pela repartição de competências, sendo geralmente atribuída a Previdência Social a responsabilidade pela prestação das políticas de saúde. Assim, evoluindo de um modelo tipicamente campanhista que fazia compulsório os programas de saúde coletiva (como a vacinação e a imunização), a saúde passou a ser prestada aos trabalhadores por Caixas de Assistência, que compuseram o INPS e depois o INAMPS. A estrutura, contudo, era precária e o sistema não conseguia arcar com a demanda reprimida, que à época, consistia apenas em trabalhadores, excluindo outros cidadãos.

VII. Com o Advento da Constituição de 1988 e a positivação do direito fundamental à saúde, firmemente atrelado ao princípio da dignidade da pessoa humana, o Estado passou a ser responsável por conceder acesso integral e gratuito à saúde, no entanto, tinha como estrutura para a prestação do serviço a mesma que já operava antes da promulgação da Constituição. Por esse motivo, a demanda, que já era reprimida, aumenta de forma substancial, fazendo com que milhões se direcionassem ao judiciário em busca da garantia do direito a prestação da saúde pública.

VIII. O direito à saúde, assim, passou a lidar com a possibilidade do judiciário se colocar em destaque para o reconhecimento de uma prestação, seja ela um procedimento, um medicamento ou um tratamento. Surgiu assim o debate acerca da judicialização e do ativismo judicial. O primeiro reconhecendo que o aumento crescente de demandas na área de saúde é uma consequência natural de ter uma Constituição que assegura direitos e garantias, o segundo partindo de uma atividade judicial que se infiltra, diretamente, na realização de competências de outros poderes – mormente o Legislativo na edição de leis e o Executivo no destino dos orçamentos públicos.

IX. Essa tutela de saúde, contudo, se alicerça sobre um desconhecimento dos juristas sobre a estrutura dos direitos sociais, suas formas de positivação no ordenamento jurídico, e das políticas estabelecidas pelo Executivo. Assim se observou que ao cuidarem dos discursos de fundamentação da saúde, os magistrados o fazem sem muito conhecimento técnico do assunto, surgindo o que se propagou como *fuzzismo*. Verificou-se, outrossim, que o direito à saúde possui forte regulamentação que daria pouquíssima possibilidade de abertura para seu controle de omissão inconstitucional, e tornaria exponencial o controle de legalidade.

X. No campo da jurisdição, ficou assentado que o paradigma dominante no Brasil é o substancialista, visto pela perspectiva de Alexy. Nesse sentido, a lei do sopesamento tem sido primordial para a dissolução dos conflitos sanitários, mediante a qual se verifica a incidência da necessidade de realização de um mínimo vital – proibição da proteção insuficiente – ou de sustentação de uma reserva orçamentária do Estado – proibição do excesso. Notou-se, ainda, que no mais das vezes as decisões repetem à íntegra o texto constitucional, tornando o direito à saúde um direito quase absoluto, ainda que em situações que em tese não comporiam um mínimo vital, como o deferimento de medicação para calvície, por exemplo.

XI. Buscando, por fim, aferir qual paradigma é o mais benéfico a concretização do direito à saúde, observou-se inicialmente que não poderia ser o paradigma procedimental puro, vez que esse, em países de modernidade tardia como o Brasil, termina por desvirtuar o discurso, haja vista: que há a necessidade de igualdade material para o exercício democrático; que a existência de um modelo de democracia delegativa centralizada no Executivo impede o livre discurso do Legislativo; e que, também, o caráter fragmentário do jogo democrático realizado no Brasil acaba por não legitimar o processo democrático, abrindo margem, ainda para uma ditadura da maioria.

XII. O paradigma substancialista, visto a partir de Alexy, nos moldes aplicados pelo Brasil, também se demonstrou inviável para a concretização fática do direito à saúde. Aqui, às avessas do ocorrido no procedimentalismo, o excesso de poder legado a magistratura ameaça o surgimento de uma "ditadura da toga", sendo o método de ponderação realizado de maneira decisionista, acarretando uma série de posturas ativistas e discricionárias. O risco, frente a constante concessão de tutelas de saúde, é que haja uma perda significativa da qualidade do próprio sistema de saúde em vista da realização dos direitos deferidos judicialmente.

XIII. Por fim, observou-se que a par das críticas quanto ao juiz Hércules, o modelo substancialista baseado em Ronald Dworkin é o que melhor se amolda a concretização fática do Direito à saúde, vez que permite uma construção da decisão judicial que beneficie a coerência e a integridade do direito. Nesse sentido, a discricionariedade judicial é mitigada pela exigência da coerência e o dever de fundamentação. *Accountability*, nesse sentido, passa ser o dever de fundamentar o fundamentado, criando maior segurança jurídica e tratamento isonômico na concretização do direito à saúde.

REFERÊNCIAS

ALEXY, Robert. **Teoria da argumentação jurídica**. Trad. Zilda Hutchinson Schild Silva. 2. ed. reimp. São Paulo: Landy Editora, 2008b.

ALEXY, Robert. **Teoria dos direitos fundamentais**. Trad. Virgílio Afonso da Silva. 5. ed. São Paulo: Malheiros, 2008a.

ÁVILA, Humberto. **Teoria dos princípios**: da definição à aplicação dos princípios jurídicos. 16. ed. São Paulo: Malheiros, 2015.

BARCELLOS, Ana Paula de. **A eficácia jurídica dos princípios constitucionais** – o princípio da dignidade da pessoa humana. 2. ed. rev. amp. Rio de Janeiro: Renovar, 2008.

BARROSO, Luís Roberto. Ano do STF: judicialização, ativismo e legitimidade democrática. **Conjur**. 22 de dezembro de 2008. Disponível em: http://www.conjur.com.br/2008-dez-22/judicializacao_ativismo_legitimidade_democratica. Acesso em: 10 maio 2016.

BARROSO, Luis Roberto. Neoconstitucionallismo e constitucionalização do direito – O triunfo tardio do direito constitucional no Brasil. **Jus Navegandi**. São Paulo, 19 mai. 2015. Disponível em: http://jus.com.br/artigos/7547/neoconstitucionalismo-e-constitucionalizacao-do-direito. Acesso em: 5 nov. 2015.

BOBBIO, Norberto. **A era dos direitos**. 5. ed. Rio de Janeiro: Elsévier, 2004.

BONAVIDES, Paulo. **Ciência política**. 20. ed. São Paulo: Malheiros, 2013.

BONAVIDES, Paulo. **Curso de direito constitucional**. São Paulo: Malheiros, 2005.

BRASIL. Constituição (1824). **Constituição Política do Império do Brasil**. Rio de Janeiro, 1824. Disponível em: http://www.planalto.gov.br/ccivil_03/Constituicao/Constituicao24.htm. Acesso em: 25 maio 2016.

BRASIL. Constituição (1934). **Constituição da República dos Estados Unidos do Brasil**. Rio de Janeiro, 1934. Disponível em: http://www.planalto.gov.br/ccivil_03/Constituicao/Constituicao34.htm. Acesso em: 25 mai. 2016.

BRASIL. Constituição (1937). **Constituição dos Estados Unidos do Brasil.** Rio de Janeiro, 1937. Disponível em: http://www.planalto.gov.br/ccivil_03/Constituicao/Constituicao37.htm. Acesso em: 25 mai. 2016.

BRASIL. Constituição (1967). **Constituição da República Federativa do Brasil.** Brasília, 1967. Disponível em: http://www.planalto.gov.br/ccivil_03/Constituicao/Constituicao67.htm. Acesso em: 25 maio 2016.

BRASIL. **Constituição da República Federativa do Brasil de 1988.** Disponível em: http://www.planalto.gov.br/ccivil_03/constituicao/constituicaocompilado.htm. Acesso em: 10 mar. 2016.

BRASIL. **Decreto nº 591, de 6 de julho de 1992.** Atos Internacionais. Pacto Internacional sobre Direitos Econômicos, Sociais e Culturais. Promulgação. Disponível em: http://www.planalto.gov.br/ccivil_03/decreto/1990-1994/d0591.htm. Acesso em: 26 maio 2016.

BRASIL. **Decreto-lei 4.682 de 24 de janeiro de 1923.** Cria, em cada uma das empresas de estradas de ferro existentes no país, uma caixa de aposentadoria e pensões para os respectivos empregados. Disponível em: http://www.planalto.gov.br/ccivil_03/decreto/Historicos/DPL/DPL4682.htm. Acesso em: 25 maio 2016.

BRASIL. **Emenda constitucional nº 1 de 17 de outubro de 1969.** Edita o novo texto da Constituição Federal de 24 de janeiro de 1967. Brasília, 1967. Disponível em: http://www.planalto.gov.br/ccivil_03/Constituicao/Emendas/Emc_anterior1988/emc01-69.htm. Acesso em: 25 maio 2016.

BRASIL. **Lei 8.080 de 19 de setembro de 1990.** Dispõe sobre as condições para a promoção, proteção e recuperação da saúde, a organização e o funcionamento dos serviços correspondentes e dá outras providências. Disponível em: http://www.planalto.gov.br/ccivil_03/leis/L8080.htm. Acesso em: 18 fev. 2016.

BRASIL. **Lei nº 13.269, de 13 de abril de 2016.** Autoriza o uso de fosfoetanolamina sintética por pacientes diagnosticados com neoplasia maligna. Disponível em: http://www.planalto.gov.br/ccivil_03/_Ato2015-2018/2016/Lei/L13269.htm. Acesso em: 20 jun. 2016.

BRASIL. Ministério da Saúde. **8ª conferência nacional de saúde**: relatório final. Brasília, 1986. Disponível em: http://conselho.saude.gov.br/biblioteca/relatorios/relatorio_8.pdf. Acesso em: 10 abr. 2016.

BRASIL. Ministério da Saúde. Secretaria de Atenção à Saúde. **Curso básico de controle, regulação e auditoria do SUS**. Brasília: Ministério da Saúde, 2011.

BRASIL. Supremo Tribunal Federal. AgRE nº 827 997 – Rio de Janeiro. Paciente com anemia falciforme e nefropatia crônica. Pessoa destituída de recursos financeiros. Direito à vida e à saúde. Relator: Ministro Celso de Mello. Brasília, DF, 22 de setembro de 2014. **Lex**: DJe, Brasília, 3 out. 2014.

BRASIL. Supremo Tribunal Federal. STA nº 198 – Minas Gerais. Relator: Ministro Gilmar Mendes. Brasília, DF, 22 de dezembro de 2008. **Lex**: DJe Brasília, 3 jan. 2009.

BRASIL. Supremo tribunal Federal. STA nº 91 – Alagoas. Relator: Ministra Ellen Gracie. Brasília, DF, 22 de fevereiro de 2007. **Lex**: DJe, Brasília, 5 mar. 2007.

BRASIL. Supremo Tribunal Federal. Suspensão de Segurança. Agravo Regimental. Saúde Pública. Direitos Fundamentais Sociais. STA nº 175 AgR - CEARÁ. Relator: Ministro Gilmar Mendes. Brasília, DF, 13 de janeiro de 2010. **Lex**: DJe Brasília, 29 abr. 2010

CAMBI, Eduardo. **Neoconstitucionalismo e neoprocessualismo**: direitos fundamentais, políticas públicas e protagonismo judiciário. São Paulo: Revista dos Tribunais, 2009.

CANCIAN. Natália. Ação judicial para acesso ao SUS explode em cinco anos. **Folha de S.Paulo**. Brasília, 7 mar. 2015. Disponível em: http://www1.folha.uol.com.br/cotidiano/2015/03/1599582acaojudicialparaacessoaosusexplodeemcincoanos.shtml. Acesso em: 4 out. 2015.

CIARLINI. Alvaro Luis de A.S. **Direito à saúde**: paradigmas procedimentais e substanciais da Constituição. São Paulo: Saraiva, 2013

COTRIM, Gilberto. **Fundamentos de Filosofia**: história e grandes temas. 16. ed. reform. amp. São Paulo: Saraiva, 2006.

COURA, Alexandre. **Hermenêutica jurídica e jurisdição (in) constitucional**: para uma crítica da "jurisprudência dos valores" à luz da teoria discursiva de Habermas. Belo Horizonte: Mandamentos, 2009.

DALLARI, Sueli Gandolfi. NUNES JR., Vidal Serrano. **Direito Sanitário**. São Paulo: Verbatim, 2010.

DINIZ, Márcio Augusto de Vasconcelos. **Constituição e hermenêutica constitucional**. Belo Horizonte: Mandamentos, 1998.

DARDOT, Pierre; LAVAL, Christan. **A nova razão do mundo**: ensaio sobre a sociedade neoliberal. Trad. Mariana Echalar. São Paulo: Boitempo, 2016.

DUARTE, Bernardo Augusto Ferreira. **Direito à saúde e teoria da argumentação**: em busca da legitimidade dos discursos jurisdicionais. Belo Horizonte: Arraes Editores, 2012.

DWORKIN, Ronald. **Levando os direitos a sério**. Trad. Nelson Boeira. São Paulo: Martins Fontes, 2007.

DWORKIN, Ronald. **O Império do Direito**. Trad. Jeferson Luiz Camargo. 3. ed. São Paulo: Martins Fontes, 2014.

FERRAZ JR., Tércio Sampaio. **Introdução ao estudo do direito**: técnica, decisão, dominação. 6. ed. rev. ampl. São Paulo: Atlas, 2011.

FRANÇA. **Declaração dos direitos do homem e do cidadão** (1789). Trad. Marcos Cláudio Acqua Viva. Disponível em: http://www.direitoshumanos.usp.br/index.php/Documentos-anteriores-%C3%A0-cria%C3%A7%C3%A3o--da-Sociedade-das-Na%C3%A7%C3%B5es-at%C3%A9-1919/declaracao--de-direitos-do-homem-e-do-cidadao-1789.html. Acesso em: 01 abr. 2016.

GARGARELLA, Roberto. **As teorias da justiça depois de Rawls**: Um breve manual de filosofia política. Trad. Alonso Reis Freire. São Paulo: WMF Martins Fontes, 2008.

GUERRA FILHO, Willis Santiago. **Processo constitucional e direitos fundamentais**. 5. ed. rev. ampl. São Paulo: RCS Editora, 2007.

HABERMAS, Jürgen. **Direito e democracia entre facticidade e validade**: Volume I. Trad. Flávio Beno Siebeneichler. 2. ed. reimp. Rio de Janeiro: Tempo Brasileiro, 2012.

HABERMAS, Jürgen. **Direito e democracia entre facticidade e validade**: Volume II. Trad. Flávio Beno Siebeneichler. 1. reimp. Rio de Janeiro: Tempo Brasileiro, 2011.

HESSE, Konrad. **A força normativa da constituição**. Trad. Gilmar Mendes Ferreira. Porto Alegre: Sergio Antonio Fabris, 1991.

HOLMES, Stenphen; SUSNTEIN, Cass R. **El costo de los derechos.** Por qué La libertad depende de los impuestos. Buenos Aires: Siglo Veintiuno, 2015.

KELSEM, Hans. **A democracia**. Trad. Vera Barkow. 2. ed. São Paulo: Martins Fontes, 2000.

KELSEN, Hans. **Teoria pura do direito**. Trad. João Batista Machado. 7. ed. São Paulo: Martins Fontes, 2006.

MACIEL, José Fábio Rodrigues. **Formação humanística em direito**. São Paulo: Saraiva, 2012.

MARINONI, Luiz Guilherme. **Teoria geral do processo**. 7. ed. São Paulo: Editora Revista dos Tribunais, 2013.

MENDES, Gilmar Ferreira; BRANCO, Paulo Gustavo Gonet. **Curso de direito constitucional**. 9. ed. São Paulo: Saraiva, 2014.

MIGUEL, Luis Felipe. **Desigualdades e democracia**: o debate da teoria política. São Paulo: UNESP, 2016.

NABAIS, José Casalta. **O dever fundamental de pagar impostos.** Contributo para a compreensão constitucional do estado fiscal contemporâneo. Coimbra: Almedina, 2015.

NEVES, Marcelo. Observatório constitucional: Judiciário intensifica privilégios de acesso à saúde. 19 de outubro de 2013. **Consultor Jurídico**. Disponível em: http://www.conjur.com.br/2013-out-19/observatorio-constitucional-judiciario-intensifica-privilegios-acesso-saude. Acesso em: 20 jun. 2016.

OMS. **Constituição da Organização Mundial de Saúde**. Trad. Biblioteca Virtual de Direitos Humanos da USP. Disponível em: http://www.direitoshumanos.usp.br/index.php/OMS-Organiza%C3%A7%C3%A3o-Mundial-da--Sa%C3%BAde/constituicao-da-organizacao-mundial-da-saude-omswho.html. Acesso em: 25 maio 2016.

PIVETTA, Saulo Lindorfer. **Direito fundamental à saúde**: regime jurídico, políticas públicas e controle judicial. São Paulo: Revista dos Tribunais, 2014.

PORTUGAL. **Constituição da República Portuguesa de 1976**. Disponível em: https://www.parlamento.pt/Legislacao/Paginas/ConstituicaoRepublicaPortuguesa.aspx. Acesso em: 30 mar. 2016.

RODRIGUEZ, José Rodrigo. **Como decidem as cortes?** Para uma crítica do direito (brasileiro). Rio de Janeiro: Editora FGV, 2013.

RODRIGUEZ, José Rodrigo. **Originalismo democrático como modelo interpretativo da Constituição Brasileira**. In: Revista de Estudos Constitucionais, Hermenêutica e Teoria do Direito. São Leopoldo: 11(3) p. 461-479. set-dez, 2019,

ROUSSEAU, Dominique. **Radicalizar a democracia**: proposições para uma refundação. Trad. Anderson Vichinkeski Teixeira. São Leopoldo: UNISINOS, 2019.

SANTOS, Pâmela de Moura. *Accountability* **vertical no Brasil**: o exercício da democracia participativa e a necessidade de informatização. s.a. Disponível em: http://www.publicadireito.com.br/artigos/?cod=73eb26ad4e0c9d3f. Acesso em: 15 jun. 2016.

SARLET, Ingo Wolfgang. **Dignidade da pessoa humana e direitos fundamentais na Constituição Federal de 1988**. 5. ed. Porto Alegre: Livraria do Advogado, 2007.

SARLET, Ingo Wolfgang. **A eficácia dos Direitos Fundamentais**. Porto Alegre: Livraria do Advogado, 2007.

SARLET, Ingo; FIGUEIREDO, Mariana. **Direito fundamental a proteção e promoção da saúde no Brasil**: principais aspectos e problemas. Disponível em: https://d24kgseos9bn1o.cloudfront.net/editorajuspodivm/arquivos/ingo.pdf. Acesso em: 4 jan. 2016.

SEN, Amartya. **A ideia de justiça**. Trad. Denise Bottmann e Ricardo Doninelli Mendes. São Paulo: Companhia das Letras, 2011.

SEN, Amartya; KLIKSBERG, Bernardo. **As pessoas em primeiro lugar**: a ética do desenvolvimento e os problemas do mundo globalizado. Trad. Bernardo Ajzemberg; Carlos Lins da Silva. São Paulo: Companhia das Letras, 2010.

SILVA, José Afonso da. **Aplicabilidade das normas constitucionais**. 7. ed. 2. tir. São Paulo: Malheiros, 2008a.

SILVA, José Afonso da. **Comentário contextual à Constituição**. São Paulo: Malheiros, 2008b.

SIQUEIRA JR, Paulo Hamilton. **Direito Processual Constitucional**: de acordo com a reforma do Judiciário. São Paulo: Saraiva, 2016.

STRECK, Lenio Luiz. **Dicionário de Hermenêutica**, quarenta temas fundamentais da teoria do direito à luz da crítica hermenêutica do direito. Belo Horizonte: Casa do Direito, 2017b.

STRECK, Lênio Luiz. **Hermenêutica jurídica e(m) crise**: uma exploração hermenêutica da construção do direito. 10. ed. Porto Alegre: Livraria do Advogado, 2011.

STRECK, Lênio Luiz. **Jurisdição constitucional e hermenêutica jurídica**. 4. ed. São Paulo: Editora Revista dos Tribunais, 2014.

STRECK, Lenio Luiz. **O que é isto – decido conforme minha consciência?** Porto Alegre: Livraria do Advogado 6. ed. rev. e atual., 2017c.

STRECK, Lênio Luiz. **Verdade e consenso**. Constituição, hermenêutica e teorias discursivas. 6. ed. rev. e ampl. São Paulo: Saraiva, 2017d.

STRECK, Lênio Luiz. **Verdade e Consenso**: constituição, hermenêutica e teorias discursivas. 4. ed. São Paulo: Saraiva, 2011.

TASSINARI, Clarissa. **Jurisdição e ativismo judicial**: limites da atuação do Judiciário. Porto Alegre: Livraria do Advogado, 2013.

TEIXEIRA, Anderson Vichinkeski. Constitucionalismo transnacional: por uma compreensão pluriversalista do Estado Constitucional. **Núcleo de Investigações Constitucionais da UFPR**, v. 3, n. 3, p. 141-166, 2016.

TOCQUEVILLE, Alexis de. **A democracia na américa**: leis e costumes de certas leis e certos costumes políticos que foram naturalmente sugeridos aos americanos por seu estado social democrático. Trad. Eduardo Brandão. 2. ed. São Paulo: Martins Fontes, 2005.

TOVAR, Leonardo Zehuri; MOREIRA, Nelson Camatta. Neoconstitucionalismo e pós-positivismo: uma análise crítica em casos de planejamentos tributários. **Revista de Estudos Constitucionais, Hermenêutica e Teoria do Direito**, São Leooldo, v. 10, n. 1, p. 41-54, jan./abr. 2018.

WALDRON, Jeremy. **A dignidade da legislação**. Trad. Luís Carlos Borges. São Paulo: Martins Fontes, 2003.

ÍNDICE REMISSIVO

A

Ativismo 9, 11, 12, 16, 19, 46, 47, 48, 51, 57, 68, 71, 72, 77, 80, 83, 89
Ativismo Judicial 11, 12, 16, 46, 47, 48, 51, 57, 68, 71, 72, 77, 80, 89
Autonomia 22, 23, 40, 55, 64, 68, 73, 74, 78, 79

B

Brasil 3, 7, 9, 11, 12, 16, 18, 19, 20, 26, 32, 33, 34, 35, 36, 37, 46, 47, 48, 49, 59, 60, 61, 62, 63, 64, 65, 66, 67, 68, 69, 70, 71, 72, 77, 80, 81, 83, 84, 85, 88

C

Cambi 18, 19, 20, 24, 25, 28, 29, 34, 37, 40, 46, 53, 55, 57, 58, 64, 65, 66, 85
Ciarlini 36, 37, 40, 42, 49, 53, 56, 57, 59, 61, 65, 66, 67, 68, 71, 85
Constitucionais 13, 17, 19, 20, 21, 23, 24, 27, 34, 40, 41, 48, 49, 67, 72, 73, 78, 83, 88, 89, 90
Constitucional 3, 7, 9, 11, 12, 13, 14, 15, 16, 17, 18, 19, 20, 21, 23, 25, 26, 30, 32, 36, 38, 39, 41, 42, 43, 44, 45, 47, 48, 49, 50, 51, 52, 57, 58, 63, 66, 67, 71, 72, 73, 74, 77, 78, 80, 83, 84, 86, 87, 89
Constituição 7, 11, 12, 13, 14, 15, 16, 17, 18, 19, 21, 23, 25, 26, 27, 31, 32, 33, 34, 36, 39, 42, 44, 46, 47, 49, 50, 51, 52, 55, 59, 63, 65, 66, 67, 68, 69, 70, 72, 73, 74, 75, 76, 78, 79, 80, 83, 84, 85, 86, 87, 88, 89
Constituinte 9, 11, 16, 18, 19, 20, 36, 37, 43, 44, 45, 47, 50, 53
Conteúdo 25, 30, 32, 39, 44, 45, 46, 51, 53, 54, 55, 58, 63, 66, 68, 69, 73, 79
Controle 15, 16, 17, 19, 20, 33, 34, 39, 43, 45, 47, 48, 70, 72, 73, 74, 75, 80, 85, 88

D

Debate 9, 16, 20, 21, 23, 25, 32, 34, 35, 41, 46, 53, 56, 57, 58, 59, 62, 64, 76, 78, 80, 87
Democracia 11, 15, 18, 20, 21, 22, 23, 25, 38, 64, 65, 66, 68, 70, 79, 81, 87, 88, 90
Dever 12, 19, 40, 42, 43, 44, 49, 50, 53, 56, 58, 59, 73, 74, 75, 76, 78, 81, 87
Direito 3, 7, 9, 11, 12, 13, 14, 16, 17, 21, 22, 23, 24, 25, 27, 28, 30, 31, 32, 33, 34, 35, 36, 37, 38, 39, 40, 41, 42, 43, 44, 45, 46, 47, 48, 49, 50, 51, 52,

53, 54, 55, 56, 57, 58, 59, 61, 62, 63, 64, 66, 68, 69, 70, 71, 72, 73, 74, 75, 76, 77, 78, 79, 80, 81, 83, 85, 86, 87, 88, 89, 90, 97

Direito Fundamental 37, 42, 43, 46, 53, 55, 73, 75, 76, 80, 88

Direitos 4, 9, 11, 12, 14, 15, 16, 17, 18, 20, 22, 23, 25, 26, 27, 30, 31, 32, 34, 35, 36, 37, 38, 39, 40, 41, 42, 43, 46, 47, 49, 50, 53, 54, 55, 56, 57, 58, 65, 66, 67, 68, 69, 72, 76, 77, 78, 79, 80, 81, 83, 84, 85, 86, 88

Direitos Fundamentais 17, 20, 26, 27, 30, 38, 39, 40, 42, 53, 54, 55, 56, 57, 58, 65, 69, 77, 79, 83, 85, 86, 88

Direitos Sociais 12, 37, 38, 41, 42, 43, 50, 53, 55, 56, 57, 58, 72, 77, 78, 80

Discurso 11, 12, 16, 17, 21, 22, 23, 24, 63, 64, 65, 66, 67, 68, 69, 75, 78, 79, 81

Discussão 12, 32, 35, 41, 42, 48, 53, 58, 60, 62, 63, 66, 69, 77

Doutrina 12, 16, 25, 38, 39, 41, 44, 47, 53, 55, 56, 57, 58, 69, 74, 77

E

Eficácia 13, 16, 17, 21, 41, 42, 46, 50, 56, 61, 76, 83, 88

Estado 3, 9, 11, 12, 13, 14, 15, 16, 17, 19, 20, 21, 22, 23, 25, 26, 28, 29, 31, 33, 34, 35, 36, 37, 38, 39, 40, 41, 42, 43, 44, 46, 47, 48, 49, 50, 51, 52, 53, 54, 55, 56, 57, 59, 61, 62, 64, 65, 71, 73, 76, 77, 78, 79, 80, 87, 89, 90, 97

Estado Democrático 3, 9, 11, 12, 13, 14, 21, 22, 25, 39, 41, 46, 48, 62, 65, 73, 76, 77, 78

Estrutura 19, 22, 26, 35, 36, 37, 38, 39, 40, 44, 46, 48, 57, 64, 73, 79, 80

Executivo 12, 15, 25, 37, 42, 46, 47, 48, 49, 51, 52, 55, 60, 64, 65, 78, 80, 81

F

Federal 5, 7, 34, 36, 42, 44, 49, 50, 51, 52, 59, 67, 84, 85, 88, 97

G

Garantias 11, 17, 18, 20, 36, 37, 41, 42, 45, 50, 53, 55, 64, 67, 78, 80

H

Habermas 9, 11, 13, 22, 23, 24, 25, 33, 63, 64, 66, 69, 78, 79, 86, 87

Hermenêutica 9, 11, 12, 17, 53, 76, 86, 88, 89, 90

I

Integridade 27, 30, 31, 32, 49, 50, 72, 73, 74, 76, 81

J

Judicial 11, 12, 15, 16, 17, 19, 21, 23, 27, 32, 46, 47, 48, 51, 57, 58, 60, 61, 68, 71, 72, 73, 77, 80, 81, 85, 88, 89

Judicialização 9, 12, 16, 17, 19, 46, 47, 48, 57, 60, 61, 62, 80, 83

Judiciário 9, 11, 12, 14, 15, 16, 17, 19, 20, 21, 22, 23, 25, 27, 31, 42, 46, 47, 48, 49, 50, 53, 54, 58, 60, 61, 62, 63, 66, 68, 69, 71, 72, 73, 74, 76, 77, 78, 80, 85, 87, 89

Jurídica 12, 13, 14, 17, 19, 23, 26, 31, 38, 49, 50, 53, 68, 69, 70, 72, 73, 77, 81, 83, 86, 89

Jurídico 9, 11, 12, 13, 14, 15, 16, 17, 20, 23, 24, 27, 28, 31, 39, 42, 49, 50, 51, 52, 53, 57, 58, 63, 69, 75, 77, 79, 80, 87, 88

Jurisdição 3, 7, 9, 11, 12, 13, 14, 15, 17, 19, 20, 21, 23, 25, 32, 42, 46, 48, 49, 54, 58, 63, 64, 65, 71, 73, 77, 78, 79, 80, 86, 89

Jurisdição Constitucional 3, 7, 9, 11, 12, 13, 14, 15, 19, 20, 21, 23, 32, 42, 48, 49, 58, 63, 71, 73, 77, 78, 89

L

Legislativo 12, 15, 19, 23, 27, 42, 46, 47, 48, 55, 56, 60, 66, 78, 80, 81

Legitimidade 12, 16, 18, 21, 22, 42, 46, 54, 64, 66, 67, 70, 72, 73, 83, 86

M

Magistrado 24, 27, 30, 31, 32, 46, 60, 71, 72, 73, 76

Mendes 15, 16, 18, 34, 40, 41, 42, 43, 44, 53, 54, 56, 57, 59, 60, 61, 65, 75, 85, 87, 89

Mínimo Existencial 9, 12, 53, 54, 55, 57, 58, 59, 69, 71

Modelo 9, 16, 17, 20, 26, 30, 31, 33, 34, 35, 36, 37, 47, 64, 65, 66, 67, 68, 69, 70, 76, 77, 79, 81, 88

O

Ordenamento 9, 11, 16, 17, 23, 27, 39, 42, 49, 50, 53, 58, 63, 69, 73, 74, 75, 77, 80

Ordenamento Jurídico 9, 11, 16, 17, 23, 27, 42, 49, 53, 58, 63, 75, 77, 80

P

Paradigma 9, 12, 23, 25, 46, 52, 62, 63, 64, 67, 69, 73, 77, 78, 79, 80, 81

Paradigmas 3, 9, 12, 21, 30, 31, 32, 49, 63, 67, 77, 78, 85

Pessoa Humana 33, 35, 50, 51, 52, 54, 59, 71, 74, 76, 80, 83, 88

Pivetta 33, 34, 35, 36, 38, 39, 40, 43, 44, 45, 53, 54, 55, 56, 57, 58, 60, 62, 64, 76, 88

Poder 11, 12, 13, 14, 16, 17, 18, 19, 21, 22, 23, 24, 25, 27, 33, 37, 38, 39, 45, 46, 47, 49, 50, 51, 53, 55, 56, 59, 60, 65, 69, 72, 76, 78, 81

Poderes 12, 14, 16, 17, 18, 19, 21, 23, 26, 29, 42, 46, 47, 48, 54, 64, 72, 73, 78, 80

Poder Judiciário 14, 16, 17, 19, 21, 25, 46, 49, 50, 60

Política 9, 12, 14, 15, 18, 19, 20, 22, 23, 26, 27, 31, 33, 39, 40, 46, 47, 48, 50, 52, 61, 64, 66, 70, 83, 86, 87

Políticas Públicas 12, 19, 24, 37, 39, 42, 44, 47, 49, 50, 52, 54, 60, 62, 65, 72, 78, 85, 88

População 33, 34, 40, 45, 52, 53, 63, 71, 77, 79

Princípio 11, 12, 14, 15, 16, 18, 24, 25, 26, 27, 28, 29, 30, 31, 32, 38, 40, 41, 42, 44, 52, 54, 60, 61, 64, 66, 68, 69, 70, 71, 72, 73, 74, 75, 76, 77, 79, 80, 83

Princípios 11, 16, 20, 25, 26, 27, 28, 29, 30, 31, 32, 40, 43, 44, 47, 51, 52, 69, 70, 71, 72, 73, 74, 75, 76, 78, 79, 83

Procedimentalismo 7, 11, 12, 21, 22, 25, 28, 32, 49, 63, 64, 65, 66, 67, 69, 72, 81

Procedimentos 11, 23, 25, 40, 45, 48, 53, 56, 63, 66, 71, 77, 79

R

Recursos 11, 38, 40, 42, 44, 49, 52, 54, 55, 56, 57, 58, 62, 67, 71, 85

Regra 18, 25, 27, 29, 35, 40, 50, 64, 68, 70, 74, 75, 76, 79

Regras 11, 25, 26, 28, 31, 40, 69, 72, 74, 78, 79

Robert Alexy 9, 11, 12, 25, 27, 55, 68, 71, 77, 79

S

Sarlet 14, 20, 34, 38, 39, 41, 44, 54, 55, 57, 88

Saúde 3, 7, 9, 11, 12, 32, 33, 34, 35, 36, 37, 38, 39, 40, 41, 42, 43, 44, 45, 46, 48, 49, 50, 51, 52, 53, 54, 56, 57, 58, 59, 60, 61, 62, 63, 64, 67, 68, 69, 71, 72, 74, 75, 76, 77, 79, 80, 81, 84, 85, 86, 87, 88

Saúde Pública 33, 34, 38, 43, 52, 60, 63, 71, 80, 85

Serviços 15, 34, 35, 36, 37, 43, 44, 45, 50, 52, 54, 84

Sistema 14, 16, 23, 27, 32, 35, 36, 39, 43, 44, 45, 47, 50, 51, 52, 60, 61, 63, 67, 71, 73, 75, 76, 78, 79, 81

Social 15, 16, 19, 20, 22, 26, 30, 33, 34, 35, 38, 43, 44, 46, 49, 50, 54, 56, 57, 64, 65, 67, 68, 74, 77, 78, 79, 90

Sociedade 14, 16, 17, 18, 21, 25, 26, 27, 30, 32, 33, 38, 39, 42, 55, 57, 66, 72, 73, 79, 86

Streck 11, 13, 15, 16, 18, 19, 21, 24, 25, 27, 28, 32, 34, 39, 41, 47, 48, 55, 57, 59, 63, 65, 66, 67, 70, 71, 72, 73, 74, 75, 76, 89

Substancialismo 7, 12, 21, 22, 25, 49, 51, 63, 68, 69, 72, 76, 77

Substancialista 9, 12, 25, 26, 30, 40, 49, 51, 53, 58, 62, 67, 68, 71, 72, 79, 80, 81

Sus 43, 45, 48, 59, 60, 61, 62, 63, 68, 75, 76, 85

T

Texto Constitucional 13, 14, 17, 18, 20, 25, 36, 38, 39, 45, 47, 50, 51, 58, 67, 74, 78, 80

Tratamento 31, 45, 49, 50, 51, 52, 56, 59, 60, 61, 62, 66, 74, 75, 76, 80, 81

Tribunais 13, 14, 19, 23, 46, 49, 59, 62, 70, 85, 87, 88, 89

Tribunal 7, 13, 15, 19, 21, 23, 26, 49, 50, 51, 52, 85

Tutela 7, 49, 51, 52, 54, 57, 59, 60, 69, 72, 74, 75, 77, 80

V

Valores 11, 18, 20, 25, 26, 27, 28, 29, 30, 32, 48, 55, 69, 70, 73, 77, 79, 86

SOBRE OS AUTORES

Gislene de Laparte Neves
Assessora da Defensoria Pública do Estado de Rondônia
Especialista em Direito Civil e Processual Civil pela UNYLEYA
Pós-graduanda em Perícia Criminal e Ciência Forense pela UNIJIPA
Bacharela em Direito pela Fundação Universidade Federal de Rondônia
E-mail: gislenedelaparte@gmail.com

Victor de Almeida Conselvan
Professor da Fundação Universidade Federal de Rondônia
Doutorando em Direito Público pela UNISINOS
Mestre em Direito Processual e Cidadania pela UNIPAR
Especialista em Direito Tributário pela UNIDERP
Especialista em Direito Civil e Processual Civil pelo IPE
E-mail: victor.conselvan@unir.br

SOBRE O LIVRO
Tiragem: 1000
Formato: 16 x 23 cm
Mancha: 12,3 x 19,3 cm
Tipografia: Times New Roman 11,5 | 12 | 16 | 18 pt
Arial 6,5 | 8 | 9 pt
Papel: Pólen 80 g/m² (miolo)
Royal Supremo 250 g/m² (capa)